Matthias Heine

Letzter Schultag in Kaiser-Wilhelmsland

Wie der Erste Weltkrieg die deutsche Sprache
für immer veränderte

Hoffmann und Campe

2. Auflage 2018
Copyright © 2018 by Hoffmann und Campe Verlag, Hamburg
www.hoca.de
Satz: Pinkuin Satz und Datentechnik, Berlin
Gesetzt aus der Minion Pro
Druck und Bindung: CPI books GmbH, Leck
Printed in Germany
ISBN 978-3-455-00281-2

Ein Unternehmen der
GANSKE VERLAGSGRUPPE

INHALT

Der verhängnisvolle Bindestrich der
Deutsch-Amerikaner

Auf dem St.-Matthew-Friedhof der kleinen Stadt Collinsville im US-Staat Illinois, zwölf Meilen nordöstlich von
St. Louis, steht ein erstaunlich neuer Granitgrabstein, in den
der Name »Robert P. Prager« gemeißelt ist. Dann folgen die
Lebensdaten des Toten, den auch eine Fotografie auf dem
Quader zeigt, und schließlich ganz unten die Beschreibung
seines Schicksals: »Victim of a Mob«. Man kann sagen, dass
hier die deutsche Auswandererkultur der USA begraben
liegt.

Der Mann, der unter dem Grabstein ruht, war ein Sach-
se, geboren wurde er am 28. Februar 1888 in Dresden. 1905
wanderte der 17-Jährige nach Amerika aus und arbeitete
dann in verschiedenen Berufen, unter anderem als Bäcker
und zuletzt als Kohlebergmann. In der Nacht vom 4. auf
den 5. April 1918, ein gutes Jahr nach dem Eintritt der USA
in den Krieg gegen Deutschland, wurde Robert Prager von
einem Mob, zu dem zweihundert bis dreihundert Männer
und Jungen gehörten, aus dem Gefängnis von Collinsville
entführt. Man schleifte ihn an einem Seil, das man ihm um
den Hals gelegt hatte, durch die Straßen, zerrte ihn zu einem

Baum eine Meile westlich der Stadt und zwang ihn, die Flagge der USA zu küssen. Er durfte noch an seinen Vater Carl Heinrich Prager und seine Mutter in Dresden schreiben (in der Abendausgabe von »The St. Louis Globe-Democrat«, die über den Lynchmord berichtete, hieß die Stadt »Preston«): »Bitte betet für mich, liebe Eltern. Dies ist mein letzter Brief.« Dann zog man ihn an dem Seil um seinen Hals etwa drei Meter hoch und brach ihm das Genick. Der Mob hievte ihn noch zwei weitere Male hinauf, bevor man ihn bis zum nächsten Tag am Ast hängen ließ. Als Prager das erste Mal hochgezogen wurde, schrien seine Mörder: »One for the Red.« Beim zweiten Mal: »One for the White.« Beim dritten Mal: »One for the Blue.« *The Red, White and Blue* ist der in Deutschland weniger bekannte Name der US-Flagge, des *Star Spangled Banner.*

Robert Prager war das prototypische Opfer eines patriotisch aufgeheizten und besoffenen Lynchmobs: Registriert als »feindlicher Ausländer« (wie alle Deutschen, die nicht eingebürgert waren), ein Außenseiter mit einem Sendungsbewusstsein, das seinen Bergarbeiterkollegen auf die Nerven ging, unverheiratet und im Ruch der Asozialität stehend (er hatte auch Zeiten als Landstreicher hinter sich und war wegen Diebstahls in einer Besserungsanstalt gewesen), ein Logenbruder (die Odd Fellows haben ihm den Grabstein spendiert und ihn 2006 auch noch einmal erneuert) und ein Mann mit abweichenden politischen Ansichten – er betätigte sich als linker Agitator, allerdings wohl nicht sehr geschickt.

Sein Verbrechen: Er hatte angeblich in einer Rede den Sozialismus propagiert und sich abwertend über Präsident Wilson geäußert. Als sich das herumsprach, machte erstmals ein Mob Jagd auf ihn und paradierte schließlich mit dem gefangenen Prager durch die Stadt. Die Polizei nahm ihn daraufhin in Schutzhaft und steckte ihn in eine Zelle des Gefängnisses, das sich im Keller des Rathauses befand. Den Polizisten gab Prager zu Protokoll, er habe keinerlei unpatriotische Dinge gesagt und er wolle amerikanischer Staatsbürger werden. Nach der Kriegserklärung hatte er sich die entsprechenden Papiere besorgt und sich freiwillig zur amerikanischen Marine gemeldet, die ihn allerdings nicht aufnahm.

Der Bürgermeister von Collinsville beruhigte die Massen, ordnete an, dass die Saloons an diesem Tage früher schließen sollten und ging dann nach Hause. Um 10 Uhr abends kam die Pogrom-Meute aber wieder, brach die Türen des Gefängnisses auf, drängte die Wärter beiseite und nahm den vermeintlichen Spion mit. Um Viertel vor eins wurde Prager gelyncht.

Es war nicht das erste antideutsche Pogrom in den Vereinigten Staaten. Doch bisher hatten sich die Mobs aufs Teeren und Federn ihrer Opfer beschränkt, eine Foltermethode, die in den USA Tradition hatte, seitdem man vor und während der Revolution Menschen, die lieber englische Untertanen geblieben wären, dieser Behandlung unterzog. Dem »St. Louis Globe-Democrat« ist zu entnehmen, dass in dem Jahr, in dem Prager gelyncht wurde, sechs Männer, darunter ein polnischer katholischer Priester in Christopher, einer anderen Bergbaustadt, 80 Meilen von St. Louis entfernt, geteert und gefedert wurden, weil sie im Verdacht standen, deutschfreundlich zu sein. Es gab in den Frühlingsmonaten zahlreiche Demonstrationen von »loyalen« Amerikanern, die zum Ziel hatten, »illoyale Personen aus dem südlichen Illinois« zu vertreiben.

Als der Illoyalität verdächtig galten spätestens seit dem Kriegseintritt nicht nur noch nicht Eingebürgerte wie Prager, sondern alle deutschstämmigen Amerikaner, die sich der Kultur ihres Heimatlandes nicht entfremdet hatten. Begonnen hatte diese bemerkenswerte Umkehrung der Verhältnisse schon 1915 nach der Versenkung des britischen Passagierdampfers und Munitionstransporters »Lusitania« durch ein deutsches U-Boot, bei der auch 124 US-Bürger umkamen.

Deutsche waren bis zu dieser Zäsur die größte nicht Englisch sprechende Minderheit der USA. Bei Erhebungen gaben schon 1790 fast 277 000 Amerikaner an, deutscher Abstammung zu sein – das waren immerhin 8,7 Prozent der Bevölkerung. In Pennsylvania existierte im frühen 19. Jahrhundert ein zusammenhängendes Gebiet, das größer als die Schweiz war und in dem etwa 200 000 Deutschsprachige wohnten. Hier war Deutsch schon aufgrund der Zahl der Sprecher eine dem Englischen gleichberechtigte Sprache. Eine Amtssprache gab es dort nicht, und die USA haben bis heute keine offizielle Amtssprache. Bei der Volkszählung von 1910 wurden unter 92 Millionen Amerikanern mehr als 8,6 Millionen ermittelt, die Deutschamerikaner der ersten oder zweiten Generation waren. Darüber hinaus gab es natürlich noch eine ganze Menge amerikanischer Familien mit deutschem Migrationshintergrund, viele waren seit der Zeit im Lande, in der es noch eine britische Kolonie war. Die meisten Menschen, die das Deutsche beherrschten, lebten in den Staaten Ohio, Wisconsin und Minnesota.

Die Namen der Beteiligten und der Ort des Lynchmords an Robert Prager erzählen von dieser langen deutschen Siedlungsgeschichte: Der Bürgermeister von Collinsville trug den schönen deutschen Nachnamen *Siegel* und der Ort, an dem Prager gehängt wurde, heißt *Mauer Heights*. Zu den elf Männern, die im Juni 1918 wegen ihrer Beteiligung an dem Mord angeklagt und freigesprochen wurden, gehörten auch ein *Joseph Riegel* und ein *William Brockmeier*.

Da Zeiten gesellschaftlicher Unruhe auch solche wirtschaftlicher Unsicherheit sind, erreichte die deutsche Auswanderung im Revolutionsjahr 1830 und dann noch mal zwischen 1848 und 1854 ihr größtes Ausmaß. Allein in den 1850er Jahren kamen zwischen 900 000 und einer Million Deutsche in die USA. Die deutsche Gesamtbevölkerung umfasste damals gerade mal 40 Millionen. Der Auswanderungsgrund war meist Not, zu drei Vierteln stammten die Immigranten aus Städten, zu 20 Prozent waren sie mittelständisch, nur höchstens drei Prozent suchten in den USA Asyl aus politischen oder religiösen Gründen. Bezeichnend ist, dass die Massenauswanderung ziemlich abrupt endete, als Deutschland sich in den 1890er Jahren zu einem hochindustrialisierten Land entwickelte.

Der Anpassungsdruck auf die Neuankömmlinge war gering: Deutschamerikaner kamen, wie es der Sprachhistoriker Peter von Polenz ausdrückt, »meist in relativ gute sozialökonomische Verhältnisse, als weitgehend Alphabetisierte, fachlich Ausgebildete in einem sich früh modernisierenden, politisch freiheitlichen Land«. Sie mussten ihre Wertvorstellungen deshalb selten ändern.

Deutschamerikaner beteten häufig in Kirchen, in denen Deutsch Liturgiesprache war. Sie lebten in Straßen oder Städten mit deutschen Namen. Und während eine ganze Menge von ihnen sich an die englischsprachige Kultur assimilierte, gab es auch viele, die ihre Kinder auf deutschsprachige Schulen schickten. Im letzten Drittel des 19. Jahrhunderts wurden Schulen, die bis dahin ausschließlich Deutsch unterrichtet hatten, zur Zweisprachigkeit gezwungen.

»Deutsch war die Lingua franca der Literaturszene, der Unterhaltungsbranche und der Theater«, sagte der Germanistikprofessor Richard E. Schade von der Universität Cincinnati in einem Beitrag des »Public Radio«, dem staatlichen Bildungsprogramm der USA, über die Zerstörung der deutschsprachigen Einwandererkultur im Ersten Weltkrieg. In dieses Milieu wurde der Künstler Lyonel Feininger 1871 in New York hineingeboren, als Sohn der beiden angesehenen deutschen Musiker Karl (später Charles) Feininger, eines Konzertgeigers, und Elisabeth Feininger, einer Pianistin und Sängerin. Feininger hatte keinerlei Anpassungsschwierigkeiten, als er mit sechzehn nach Deutschland kam, um die Kunstgewerbeschule in Hamburg zu besuchen.

Das Beispiel Feininger zeigt übrigens, dass damals die deutsche Herkunft eines Künstlers für die Amerikaner ein durchaus gültiges Kaufargument war (was heute nicht mehr unbedingt gesagt werden kann): Der Herausgeber der »Chicago Tribune«, James Keeley, reiste 1906 extra nach Deutschland, um Feininger und andere Zeichner für die Comicseite seines Blattes zu verpflichten. Dieser Großtransfer teutonischen Witzes hatte genau wie der deutsch klingende Titel von Feiningers Zeitungsserie, »The Kin-der-Kids«, einen doppelten Sinn: Zum einen sollte das alles die große deutschstämmige Gemeinde in Chicago anlocken, zum anderen galten die Deutschen damals dank Wilhelm Busch und einer langen Geschichte der politischen Karikatur als absolut exportfähige Humornation.

Im Allgemeinen war das Bekenntnis zur deutschen Kultur allerdings schon in der zweiten Generation oft ausgeprägter als die tatsächliche Beherrschung der deutschen Sprache. Die Zahlen derer, die bei Volkszählungen ihre deutsche Herkunft angaben, und derer, die das Deutsche wirklich noch benutzten, klafften schon vor dem Weltkrieg immer mehr auseinander.

Auch die Zahl der deutschen Zeitungen ging schon ab etwa 1900 zurück. Der Höchststand war kurz vor der Jahrhundertwende erreicht, als 800 verschiedene Blätter erschienen. Doch die Bindung an die alte Heimat blieb stark. Peter von Polenz schreibt süffisant: »Das rege nordamerikanische Vereinsleben Deutschstämmiger pflegte deutsche Geselligkeit und Folklore oft über das Ende wirklicher Beherrschung des Deutschen hinaus.« Treibstoff des sozialen Leben waren Biersorten, die nach den heimatlichen Traditionen gebraut und in Bierhallen german style getrunken wurden. Dazu wurde dann gerne frisches Hackfleisch verzehrt – mit fatalen Folgen: Deutsche waren neben Italienern die Bevölkerungsgruppe, die sich vor der Einführung der amtsärztlichen Trichinenkontrolle bei geschlachteten Tieren am häufigsten mit Trichinen infizierte.

Vor dem Ersten Weltkrieg war Deutsch gleichzeitig auch die meisterlernte Fremdsprache bei nicht deutschstämmigen Amerikanern. Ihr auch heute noch bekanntester Schüler war Mark Twain. Als er in »Bummel durch Europa« über »Die schreckliche deutsche Sprache« schrieb, konnte er aus intimer Kenntnis urteilen, denn er hatte einige Zeit in Berlin gelebt, wo es ihm so gut gefiel, dass er seine Töchter zum Studieren dorthin schickte. Noch länger lebte er in Wien, weil seine Tochter Clara bei Theodor Leschetizky Klavierunterricht nehmen wollte. Dort wurde er sogar zur Audienz bei Kaiser Franz Joseph eingeladen.

Noch 1915 lernten 25 Prozent aller Highschool-Studenten Deutsch. Innerhalb weniger Jahre veränderten sich die Zahlen drastisch: Am Ende des Krieges lehrte nur noch ein Prozent aller Highschools überhaupt die Sprache – so stigmatisiert war sie mittlerweile.

In 23 Staaten wurde Deutsch regelrecht kriminalisiert. Es war nicht erlaubt, die Sprache in der Öffentlichkeit zu benutzen, sie durfte im Radio nicht gebraucht werden und man durfte sie einem Kind unter zehn Jahren nicht in der Schule beibringen. Als der Supreme Court 1923 diese Gesetze außer Kraft setzte, war die Zurückdrängung des Deutschen in den USA längst nicht mehr aufzuhalten.

In dem genannten Public-Radio-Beitrag erklärt der Rechtshistoriker Paul Finkelman: »Es gab damals die Annahme, dass Sprache irgendwie organisch mit der Seele verbunden sei. Während des Kriegs fürchtete man, dass jemand, der Deutsch lernt, wie ein Deutscher dächte und alles zugunsten des Kaisers ausgelegt würde – er würde ein ›Hunne‹ werden.« *Hunne* war das Schimpfwort, das zunächst die englische und dann auch die amerikanische Propaganda für die Deutschen gebrauchte. Eingebrockt hatte es seinem Volk Kaiser Wilhelm II. mit der berüchtigten »Hunnenrede«, die er 1900 vor einem Expeditionskorps hielt, dass in China den Boxeraufstand niederschlagen sollte. Darin steigerte sich der Monarch in einen verbalen Blutrausch: »Pardon wird nicht gegeben! Gefangene werden nicht gemacht! Wer euch in die Hände fällt, sei euch verfallen! Wie vor tausend Jahren die Hunnen unter ihrem König Etzel sich einen Namen gemacht, der sie noch jetzt in Überlieferung und Märchen gewaltig erscheinen läßt, so möge der Name Deutscher in China auf 1000 Jahre durch euch in einer Weise bestätigt werden, daß es niemals wieder ein Chinese wagt, einen Deutschen scheel anzusehen!«

Aller Hunnenpropaganda zum Trotz waren die Amerikaner während der ersten drei Jahre uneins, ob das Land auf Seiten der englisch-französisch-russischen Entente in den Krieg eintreten sollte. Zu den Gegnern einer solchen

Parteinahme gehörten keineswegs nur deutschstämmige Amerikaner, ihr prominentester Vertreter war der bis 1915 amtierende Außenminister William Jennings Bryan, der das Land um fast jeden Preis aus dem europäischen Konflikt heraushalten wollte.

Naturgemäß ergriffen gerade deutschstämmige Amerikaner oft für die Heimat ihrer Vorfahren Partei: Einer der prominentesten war der entfernt mit Bismarck verwandte, aber schon in Baltimore geborene Journalist und Satiriker Henry Louis Mencken, also ausgerechnet der Mann, der später zwischen den Kriegen mit einem grundlegenden Buch das amerikanische Englisch als eigenständige Variante der englischen Sprache propagierte. Manch einer ging sogar über den Atlantik, um für Deutschland zu kämpfen. Ernst Jünger erzählt in seinem Kriegsbuch »In Stahlgewittern« von einem Deutschamerikaner namens Brecht, der einen Engländer gefangen nimmt und ihn ganz zünftig angelsächsisch als »son of a bitch« beschimpft.

All das nährte das grundsätzliche Misstrauen gegenüber der Loyalität der deutschstämmigen US-Bürger. Sie wurden als »hyphenated Americans«, als Bindestrich-Amerikaner, verunglimpft. Als Präsident Woodrow Wilson das Land schließlich an der Seite der Entente in den europäischen Krieg geführt hatte, sagte er: »Jeder Mann, der einen Bindestrich mit sich herumträgt, trägt einen Dolch, den er in die lebenswichtigen Organe dieser Republik zu stoßen bereit ist, wenn er dazu kommt.«

Der Germanist Schade charakterisiert das Klima, das

durch solche Äußerungen entstand, wie folgt: »Hans Kuhnwald, der Konzertmeister des Cincinnati Symphonieorchesters, wurde interniert, die deutsche Sprache war verboten, die deutsch-amerikanische Presse schärfstens zensiert, Büchereien mussten deutsche Bücher aus ihren Regalen nehmen, deutsch-amerikanische Organisationen gerieten unter Beschuss.«

In dieser Atmosphäre distanzierten sich auch Amerikaner, die ihre deutschen Wurzeln über Generationen gepflegt hatten, von der alten Heimat, um zu beweisen, dass sie gute, loyale Yankees waren. Der Historiker Frederick Luebke hat diese Kapitulation in seinem Buch »Bonds of Loyalty: German-Americans and World War I« beschrieben: »Sie versuchten, ihre ethnische Identität so schmerzlos wie möglich abzustreifen.«

Auch Robert Prager hat so etwas versucht, als er sich 1917 freiwillig zur Marine meldete. Gegenüber dem Mob, der ihn peinigte, beschwor er die Liebe zu seinem neuen Heimatland und küsste die Fahne, die man ihm hinhielt. Es half nichts. Sie schleiften ihn nackt durch die Straßen von Collinsville. Ihre Bierflaschen zerschlugen die sadistisch erregten Männer und Jungen vor Pragers Füßen, sodass er barfuß in die Scherben treten musste. Dann hängten sie ihn. In der Lokalzeitung stand später: »Die Lektion seines Todes hatte einen gesunden Effekt auf die Germanisten von Collinsville und anderswo.«

Das Ende der Ausdehnung

Bis 1914 war Deutsch eine expandierende Sprache. Jahrhundertelang hatte sie zuvor ihren Geltungsbereich vor allem im Osten Europas ausgedehnt. Aus den deutschen Stammlanden waren Menschen in einstmals rein slawische Siedlungsgebiete gewandert – es begann mit der Kolonisation des heutigen Sachsens, Brandenburgs und Mecklenburg-Vorpommerns und setzte sich fort mit der Besiedlung Schlesiens, West- und Ostpreußens sowie Böhmens und Mährens im Mittelalter. Aber es gingen auch ganze indigene Bevölkerungsgruppen dazu über, Deutsch als Erst- oder Zweitsprache zu sprechen, nachdem sie zu einer Minderheit im eigenen Land geworden waren – beispielsweise die Wenden in Mitteldeutschland, die Pruzzen in Ostpreußen, die Kaschuben in Westpreußen, ebenso viele slawische Bevölkerungsgruppen in Österreich. Das glich die Verluste im Westen, wo die einstmals deutschen Elsass und Lothringen unter französische Herrschaft kamen, mehr als aus.

Bis dahin hatten für gut hundert Jahre auch Städte und Gebiete in Übersee zum Geltungsbereich des Deutschen gehört. Migranten nahmen ihre Muttersprache mit in die

USA und nach Kanada und nutzten sie dort weiter – bis die antideutschen Aufwallungen der Jahre 1914 bis 1918 die deutsche Auswandererkultur in Nordamerika entscheidend schwächten, wie im vorherigen Kapitel geschildert.

In den drei Jahrzehnten vor dem großen Krieg war das Deutsche auch an Orte vorgedrungen, an denen vorher bestenfalls mal ein verirrter Missionar, Walfänger oder Kaufmann Worte in der Sprache Luthers und Goethes hatte fallen lassen – ohne dass ihn jemand verstand oder gar ihm nachsprach. In den Kolonien in Afrika, China und im Südwestpazifik redeten Soldaten, Priester, Beamte und Kolonisten Deutsch und brachten so auch Einheimische dazu, sich immer häufiger Grundkenntnisse der Sprache des Tausende von Kilometern entfernten Landes anzueignen. Kurz vor Ausbruch des Krieges wurde die Ausbreitung des Deutschen auch durch eine systematische Schulpolitik gefördert.

Aber nicht nur räumlich expandierte das Deutsche. Ihm war auch Bedeutung zugewachsen durch die Machtstellung, die erst Preußen und dann das vereinigte Reich in der Welt erlangt hatten. Die Erfolge deutscher Wissenschaftler und der Glanz deutscher Kultur trugen ihres dazu bei, das globale Prestige der Sprache zu stärken.

Das alles endete mit der Niederlage im Ersten Weltkrieg. Von da an schrumpfte der Geltungsbereich des Deutschen. Nicht nur, weil die Kolonien verloren gingen. In Osteuropa begann jener historische Prozess, der zum weitgehenden Ende jedes Deutschtums dort führte und den wir gemeinhin erst mit dem Jahr 1945 in Verbindung bringen. Im Süden wurde ein Gebiet, in dem tausend Jahre lang Deutsch gesprochen worden war und das nie zum romanischen Sprachraum gehört hatte, an Italien verhökert, das sofort begann, die Südtiroler linguistisch umzuerziehen.

Die alliierte Gräuelpropaganda, brutales deutsches Großkotzgetue, aber auch organisierte Boykotte verleideten vielen Menschen in anderen Ländern die Lust an der deutschen Sprache. Vielerorts waren nicht einmal mehr deutsche Namen geduldet. Dem gegenüber standen kleinere Zugewinne an der Heimatfront: ein paar Dutzend ganz neue Begriffe, die der Krieg geboren hatte, und etliche Verdeutschungen für Fremdwörter, die sich nun erst richtig durchsetzten.

Die Auswirkungen, die der Erste Weltkrieg auf unsere Muttersprache hatte, waren also vielfältig und massiv. Trotzdem ist dem Globalkonflikt in den vielen Büchern historisch arbeitender Linguisten kein eigenes Kapitel gewidmet. Selbst wenn sie so dick und ausführlich sind wie die dreibändige »Deutsche Sprachgeschichte« des Germanisten Peter von Polenz, gehen sie direkt vom 1871 gegründeten Kaiserreich zur Weimarer Republik über.

Dabei werden die genannten Auswirkungen ja von der germanistischen Sprachgeschichtsschreibung gar nicht verschwiegen. Man muss sie nur einzeln und mühselig überall zusammensuchen. Mein Buch ist ein Versuch, hundert Jahre nach dem Ende des Ersten Weltkriegs alle seine Folgen für das Deutsche zu skizzieren. Soweit ich sehe, ist es der erste.

Die Auswahl der thematischen Schwerpunkte ist dabei allein meine, und ich erhebe keinen Anspruch auf Vollständigkeit im Sinne eines Handbuchs. Nicht jede Kolonie wird gleichermaßen ausführlich behandelt. Gerade das bekannteste Beispiel Deutsch-Südwestafrika beschreibe ich etwas knapper, weil das, was dort geschah, noch am ehesten vertraut ist. Die ferne und fremde Welt Neuguineas oder Chinas scheint mir interessanter. Auch in Europa betraure ich nicht jedes abhandengekommene Gebiet ausführlich. Das Elsass und Lothringen kommen vor, aber sie waren ja erst 1871 zurück zum Reich gekommen, gehörten eigentlich schon viel länger zur französischen Sphäre und haben nicht erst 1918 aufgehört, deutsch zu sein. Im Osten beschränke ich mich beispielhaft auf Westpreußen, Österreich-Ungarn als Ganzes und den Sonderfall Böhmen und Mähren, die spätere Tschechoslowakei.

Am Ende all dieser Gedankenreisen wird die Frage stehen: Was wäre eigentlich anders gewesen, wenn die beschriebenen Entwicklungen nicht durch den Krieg und die Niederlage 1918 eingeleitet worden wären? Haben wir Grund zur Trauer, gibt es so etwas wie verpasste Chancen? Das titelgebende Kaiser-Wilhelmsland steht in diesem Spiel nicht nur für den alten Namen der Kolonie Deutsch-Neuguinea, sondern auch für eine Alternativwelt, in der die Sprachgeschichte einen ganz anderen Gang nimmt.

Der Verrat an Südtirol

Kaum einer, der im Supermarkt luftgetrockneten Speck mit der wohlklingenden, die Aura italienischer Delikatessen evozierenden Herkunftsbezeichnung *Alto Adige* kauft, ist sich bewusst, dass er damit unschuldig in den Bahnen der faschistischen Nationalitätenpolitik der zwanziger Jahre wandelt. Denn was in Italien *Alto Adige* heißt, heißt auf Deutsch *Südtirol*, und der italienische Name wurde erfunden, um den dortigen Deutschsprechenden ihre kulturelle Identität zu rauben. Propagiert und durchgesetzt hat ihn – wie viele hundert andere Bezeichnungen für Berge, Flüsse und Orte, die man vorher in fast einem Jahrtausend nie anders als mit deutschen Namen benannt hatte – ein Mann, der unter dem angemaßten Titel »Sprachwissenschaftler« das Geschäft Mussolinis und der italienischen Ultranationalisten betrieb: Ettore Tolomei.

Obwohl der Erste Weltkrieg vor allem von den 1917 in ihn eingetretenen USA und ihrem Präsidenten Woodrow Wilson zum Kampf für das Selbstbestimmungsrecht der Völker Europas stilisiert wurde, gelangte der südliche Teil des seit Jahrhunderten zu Österreich gehörenden Tirols 1919 an Italien. Es war ein Beutestück, das die Italiener sich im Geheimvertrag von London 1915 hatten zusichern lassen. Dieser vom Londoner Botschafter mit dem sprechenden Namen Guglielmo Imperiali ausgehandelte Pakt mit den alliierten Mächten Großbritannien, Frankreich und Russland sah vor, dass Italien in den Krieg gegen Österreich, das Osmanische Reich und Deutschland eintreten sollte. Im Gegenzug wurden den Italienern im Fall des Sieges unter anderem Gebietsgewinne an ihren Grenzen, Teile der Türkei sowie Kolonien in Afrika versprochen.

Grundlage der italienischen Politik war der Irredentismus, eine Ideologie, die anstrebte, alle Gebiete, in denen Italiener lebten, unter der Herrschaft Roms im 1861 gegründeten Nationalstaat zu vereinigen. Dabei ging es zunächst vor allem um Triest und das Trentino, in denen tatsächlich ein großer Anteil der Bevölkerung Italienisch sprach und sich der italienischen Kultur zugehörig fühlte. Später wurden die Ansprüche auch auf ganz Istrien, Dalmatien und eben den Süden Tirols ausgedehnt.

In diesem Gebiet lebten seit dem sechsten Jahrhundert zunächst Bajuwaren, die eine Variante des Germanischen sprachen, dann Bairisch sprechende Menschen – auch die Dialekte des heutigen Österreichs sind Existenzformen des Bairischen. Zu Italien hatten nur Bozen und das südlich davon liegende Gebiet gehört, und das auch nur zwischen 1810 und 1813, als Napoleon es im Zuge seiner willkürlichen Aufteilung des eroberten Europas seinem kurzlebigen italienischen Königreich zuschlug.

Dennoch musste Österreich 1919 im Friedensvertag von Saint-Germain den Teil Tirols südlich von Brenner und Reschenpass an Italien abtreten. Die Bevölkerung wurde nicht befragt, ob sie diesen Staatenwechsel wünsche. Erst im Zuge dieses Verbrechens fingen seine Bewohner an, von *Südtirol* zu sprechen. Vorher war Tirol als eine Einheit betrachtet worden, für deren südlichen Teil man keine gesonderte Regionsbezeichnung brauchte. Den etwa 250 000 deutschsprachigen Südtirolern wurde vertraglich die kulturelle Autonomie zugesichert.

Doch damit war es spätestens vorbei, als Benito Mussolini und seine Faschisten 1922 an die Macht gelangten und der Duce ab 1925 als Diktator unumschränkt herrschte. Der Traum von der Wiederkehr des Imperium Romanum sollte auch mit den Mitteln der Sprache verwirklicht werden. Eine möglichst hochkulturelle Nationalsprache hatte dabei Symbolfunktion, auf ihren Gebrauch verpflichteten die Faschisten alle Dialektsprecher und natürlich erst recht die nationale Minderheit, zu der die Tiroler plötzlich in einem fremden Land geworden waren. Obwohl sie in ihrem Gebiet die Mehrheit stellten, wurde ihre Sprache diskriminiert, zurückgedrängt und schließlich in der Öffentlichkeit und in den Schulen verboten.

Dazu kam eine planmäßige Ansiedlung von Italienern aus anderen Regionen des Landes, vor allem in den Städten und Tälern, die für den Verkehr wichtig waren. Der Anteil Italienischsprachiger wuchs von acht Prozent im Jahre 1910 auf etwa 35 Prozent in den dreißiger Jahren. In der Haupt-

stadt Bozen stieg er sogar auf vier Fünftel an. Zu Rückzugs-
gebieten der deutschen Sprache wurden die von Landwirtschaft und Fremdenverkehr geprägten Hochlagen.

Orts- und Familiennamen, ja sogar Grabinschriften
mussten unter der Herrschaft des Faschismus italianisiert
werden. Besonders einfallsreich war dabei der zu Beginn
erwähnte Ettore Tolomei. Er glaubte, dass die natürliche
Grenze seines Landes auf dem Alpenkamm, der Wasser-
scheide zwischen Nord und Süd, zu ziehen sei und die Ansiedlung deutschsprachiger Bajuwaren jenseits dieser Linie
nur ein Irrweg der Geschichte sein könne. Er nahm sich
vor, das zu korrigieren. Schon seit den neunziger Jahren des
19. Jahrhunderts hatte er die Einverleibung Südtirols ins italienische Staatsgebiet mit seiner Zeitschrift »La Nazione Italia« vorbereitet, indem er für Orte, die niemals italienische
Namen getragen hatten, kurzum welche erfand. So sollte die
Welt davon überzeugt werden, dass diese Gebiete eigentlich
zu Italien gehörten. Den Berg mit dem knorrigen Tiroler
Namen *Klockerkarkopf* taufte er in *Vetta d'Italia* (»Gipfel
Italiens«) um. 1904 bestieg er den Gipfel und behauptete, er
wäre damit der Erste gewesen. Noch eine Lüge. Der Berg
war schon 1895 bezwungen worden – unpassenderweise von
zwei Männern mit tirolisch-deutschen Namen. In Südtirol
kursiert die Legende, dass der Name *Vetta d'Italia* den amerikanischen Präsidenten Wilson, der ja eigentlich das Selbstbestimmungsrecht der Völker nach Kriegsende propagiert
hatte, überzeugte, das Gebiet gehöre zum italienischen Königreich. So hatte er nichts dagegen, dass im Friedensvertrag

von 1919 die Brennergrenze festgelegt wurde. Weil offenbar auch viele Italiener glaubten, sie hätten die Gebietserweiterung Tolomei zu verdanken, wurde dieser 1938 von König Vittorio Emanuele III. zum »Conte della Vetta«, also »Graf des Gipfels«, geadelt.

1916, ein Jahr nach dem Kriegseintritt Italiens, begann Tolomei in freudiger Erwartung der Kriegsbeute und im offiziellen Auftrag der römischen Regierung das »Prontuario dei nomi locali dell'Alto Adige« zu erstellen. Für dieses »Nachschlagewerk der Ortsnamen Oberetschs« übersetzte eine Kommission, die neben Tolomei aus dem Botanik- und Chemieprofessor Ettore De Togni und dem Bibliothekar Vittorio Baroncelli bestand, innerhalb von 40 Tagen ungefähr 12 000 Namen von Orten und Fluren. 1923, vier Jahre nach der Einverleibung Südtirols in den italienischen Staat und ein Jahr nach der Machtergreifung der Faschisten, ordnete der König per Dekret die Italianisierung sämtlicher Ortsnamen an. Grundlage war Tolomeis Machwerk.

Die Methoden zur Namensfindung, die Tolomei anwandte, hat er in der Einleitung zu seinem »Prontuario« beschrieben. Manchmal gab es tatsächlich bereits italienische Namen wie *Merano* und *Bolzano* für *Meran* und *Bozen*. Manchmal griff er die Namen alter Römersiedlungen auf – so wurde aus Sterzing *Vipiteno*, weil dort in der Antike ein Ort namens *Vipitenum* existiert hatte. Dabei gab es hier sogar schon einen italienischen Namen: *Sterzen* – aber das klang wohl noch zu deutsch. Oft hängte Tolomei einfach nur ein O an, um die Namen zu italianisieren, so wurde aus dem

Brenner der *Brennero*. Wo es möglich war, übersetzte er einfach wörtlich, beispielsweise *Grünsee* in *Lago Verde*. Gelegentlich benannte er die Orte nach dem lokal zuständigen Heiligen. *Innichen* wurde dabei etwa zu *San Candido*. Und zu schlechter Letzt formte er Namen aus einer Beschreibung der geografischen Lage. Aus *Gossensaß* wurde auf diese Weise *Colle Isarco*, also der Hügel am Eisack, nur weil sich eben die prachtvolle barocke Pfarrkirche auf einer Erhebung neben dem Fluss befand.

Mit den Ortsnamen wollte Tolomei, der seit 1919 Mitglied der faschistischen Partei war, sich aber nicht begnügen. Im Juli desselben Jahres, in dem der König sein diesbezügliches Dekret erließ, stellte Tolomei im Theater von Bozen sein vom faschistischen Großrat genehmigtes Programm vor, das die folgenden Punkte vorsah: Revision der Volkszählung von 1921, Einführung des Italienischen als Amtssprache, Auflösung der deutschen Verbände und Vereine, Einstellung deutscher Zeitungen, Entlassung deutscher Beamter und Polizisten, Unterdrückung der Kirche, Ummodelung des Schulwesens, wirtschaftliche Zwangsmaßnahmen sowie die Änderung von Straßennamen, öffentlichen Aufschriften und Familiennamen.

Die »Vorarlberger Zeitung« berichtete darüber unter der Überschrift »Die Entnationalisierung Südtirols«:

Im Bozener Stadttheater entwickelte der italienische Senator Tolomei ein Reformprogramm für Südtirol. Führt die Regierung Mussolini dieses Programm durch, was nach der bisherigen Tätigkeit der Faschistenregierung kaum zu bezweifeln ist, so bedeutet dies für unsere Südtiroler Brüder einen traurigen Leidensweg, der ihnen bevorsteht. Der Redner rügte einleitend die »Fehler« des zu nachsichtigen Regierungssystems in den ersten Jahren nach der Besetzung, das, wie er sich ausdrückte, in der nihilistischen Wollust der Verneinung des Sieges bald soweit gekommen wäre, das heilige Herz Tirols wieder herzustellen. Als ersten Fortschritt bezeichnete Tolomei das Schuldekret Corbinos und dessen gewaltsame Anwendung durch die faschistische Invasion im Oktober 1922. Tolomei bemerkte weiter: »Der Präsident versicherte im Parlamente, daß Italien im Oberetsch Assimilierungsarbeit verrichten wird. In wenigen Jahren wird die fleißige Arbeit der Regierung und der Nation die Dinge im Oberetsch so geändert haben, daß die Zukunft sicher ist. Die deutsche Nation kann ihren Vorposten diesseits der Alpen vergessen. Die Regierung wird ohne zu sparen und zu zögern vorgehen und in kürzester Zeit die größte Wirkung erreichen.« (…) Als wichtigste Maßnahme verlangte er die Bestellung von staatlich ernannten Gemeindesekretären und sagte: »Der Sekretär, der richtunggebend für das ganze Leben der Gemeinde ist, muß ein Italiener sein, nicht nur in vorherrschend italienischen Gemeinden, sondern in fast allen. Von den 200 Oberetscher Gemeinden werden zirka 150 einen staatlichen Sekretär erhalten.« (…) Besonders scharf zog Tolomei gegen den verhaßten Deutschen Verband los. Die faschistische Regierung sei nicht gewillt, »germanische Körperschaften zu dulden,

die ausschließlich in Haß und Opposition gegen die Ita-
lienität konstituiert sind«.

Die Maßnahmen Tolomeis und der Faschisten richteten sich nicht nur gegen Deutsch sprechende Südtiroler, sondern auch gegen die romanischsprachige Minderheit der Ladiner und gegen die Zimbern, eine in nur noch wenigen Dörfern lebende Volksgruppe, die eine eigenständige Variante des Bairischen als Muttersprache pflegte.

Aber am Ende reichte Tolomei das nicht und er kam zu der Überzeugung, dass man die sturköpfigen Deutschen im Alto Adige – den Namen *Südtirol* hatte er ebenfalls verbieten lassen – ganz loswerden müsste. 1939 schloss daraufhin Mussolini mit dem Deutschen Reich (zu dem seit einem Jahr wieder Österreich gehörte) und seinem Diktator Adolf Hitler einen Vertrag über einen großen Bevölkerungsaustausch ab. Hitler waren – seiner großdeutschen Rhetorik zum Trotz – die Tiroler letztendlich schnurz, denn er brauchte den Duce als Verbündeten im geplanten Krieg. Nun wurden sie vor die Option gestellt, sich entweder komplett italianisieren zu lassen oder nach Norden auszuwandern. 75 000 verließen lieber die Heimat, als ihre Volkzugehörigkeit aufzugeben, nur 25 000 davon kehrten nach Kriegsende zurück.

Die Politik des maximalen Drucks endete erst nach dem Krieg, als den Südtirolern wieder das Recht auf ihr Volkstum und schließlich ein weltweit vorbildliches Autonomiestatut zugestanden wurde. Bis dahin dauerte es aber. Zwar war schon im September 1946 in einem Abkommen zwischen dem österreichischen Außenminister Karl Gruber und dem italienischen Ministerpräsidenten Alcide De Gasperi festgelegt worden, dass die Südtiroler das Recht auf ihre Sprache zurückbekommen sollten. Doch Realität wurde das erst, nachdem sich Österreich 1960 an die EU gewandt und Radikale in Südtirol versucht hatten, die Autonomie herbeizubomben. 1972 wurde auf Bestreben der UNO das Autonomiestatut vorgelegt, das Südtirol auch von der Zwangsvereinigung mit der überwiegend von Italienern bewohnten Region Trentino erlöste. Durch diese Fusion waren die Deutsch sprechenden Südtiroler in der Provinz in die Minderheit geraten.

Tolomei wurde auch im demokratischen Italien als Patriot in Ehren gehalten. Man ehrte ihn nach seinem Tode 1952 mit einem Staatsbegräbnis in Montan. In seinem Testament hatte er verfügt, mit dem Gesicht nach Norden begraben zu werden, weil er sehen wollte, »wie der letzte Südtiroler über den Brenner gejagt wird«. Diese Vision hat sich bekanntlich nicht erfüllt. Stattdessen wurde Tolomeis einbalsamierter Leichnam 1979 über die Friedhofsmauer geschleudert, als Südtiroler Nationalisten sein Grab sprengten.

Sein Geist aber geht hier und da noch um. Das große von den Faschisten errichtete Denkmal für den Anschluss Südtirols steht immer noch in Bozen. Und Tolomeis erfundene italienische Namen bleiben die amtlichen Bezeichnungen, auch wenn sie in Orten mit deutschsprachiger Bevölkerungsmehrheit mittlerweile nur an zweiter Stelle auf den Schildern stehen. Bestrebungen, Tolomeis Fantasiegespinste ganz zu eliminieren, werden von Menschen, die die Tiroler Geschichte nicht so gut kennen, häufig als nationalistischer Wunsch nach einer linguistischen ethnischen Säuberung aufgefasst. Auch deutsche Romanisten haben Appelle unterschrieben, wonach die italienischen Namen bleiben müssten. Gerade von Deutschen hören die Südtiroler aber seit dem Verrat von 1939 nicht mehr so gerne Ratschläge.

Wie sehr man in Südtirol eine Auferstehung des Tolomeismus fürchtet, zeigt eine kleine Anekdote aus dem Frühjahr 2017. Da stellte ein politischer Vertreter der Italienisch sprechenden Südtiroler, Alessandro Urzi von der Partei L'Alto Adige nel Cuore, den Antrag, nach dem Verbleib von Tolomeis berüchtigtem »Archiv« zu forschen. Es gab Gerüchte, dieses existiere noch in Nordtirol, jenseits der Grenze zu Österreich. Dorthin sei es gelangt, als Tolomei 1943 nach dem Sturz Mussolinis verhaftet und von den Nazis ins Deutsche Reich gebracht wurde. Abgeordnete der Partei Südtiroler Freiheit enthielten sich der Stimme, weil sie witterten, dass das Archiv wieder ins Land gebracht und dort für italienisch-nationalistische Propaganda genutzt werden solle. So wie man den Leichnam Tolomeis noch mit Bomben neutralisieren wollte, so traute man offenbar auch seinen nicht minder toten Zetteln, Akten und Karteikarten eine schwarzmagische Macht zu.

Namenszauber

In den achtziger Jahren war ich das erste Mal in London. Von dort brachte man sich damals – es war noch die Vor-Internetzeit – möglichst irgendwelche Kleidungsstücke mit, die es in der Heimat nicht zu kaufen gab. Die Verkäuferin im Schuhladen sah aus wie die Sängerin Siouxie Sioux und tat während der Anprobe freundlicherweise so, als interessiere sie es, wo genau ich in Germany wohne. Da der Stadtname Brunswick kein Lächeln des Erkennens in ihr gothicweiß geschminktes Gesicht zauberte, versuchte ich zu erklären, es handele sich um eine Stadt »near Hannover« – an sich schon demütigend genug für einen Braunschweiger. Doch ihr Blick blieb verständnislos, als hätte ich den Namen einer mongolischen Jurtensiedlung genannt.

Hundert Jahre zuvor hätte sie sich bei Nennung des Namens *Hannover* wahrscheinlich ehrfürchtig vom Stuhl erhoben und Haltung angenommen. Denn dies war – geschrieben *Hanover* – der Name des britischen Könighauses, seitdem 1714 dynastische und religiöse Komplikationen (man brauchte dringend einen Protestanten) Georg I., einen Kurfürsten von Braunschweig-Lüneburg, dem sogenannten

Kurhannover, zum britischen Thron verholfen hatten. Auch sein Sohn, der ihm 1727 nachfolgte, war noch in Hannover geboren.

Zweihundert Jahre lang hatte man in Großbritannien an dem Namen *Hanover* nichts auszusetzen. Immerhin halfen hannoversche und braunschweigische Truppen dem Herzog von Wellington die Schlacht von Waterloo für seinen König zu gewinnen. Auch als das Haus Hannover mit dem Tode von Königin Victoria 1901 den Thron verlor, weil ihr Sohn Edward VII. den nicht minder deutschen Geschlechtsnamen Sachsen-Coburg und Gotha von seinem Vater Albert geerbt hatte, fand niemand etwas dabei, dass der Herrscher Englands eine ganze Reihe von deutschen Adelstiteln trug. Eine Schwester Edwards, Königin Victorias älteste Tochter, die den gleichen Namen trug wie ihre Mutter, war 1888 immerhin für kurze Zeit deutsche Kaiserin gewesen, so lange, bis ihr schon bei der Thronbesteigung schwer krebskranker Mann Friedrich III. starb. Die beiden hatten sich 1851 auf der Weltausstellung in London kennengelernt, als sie elf und er neunzehn Jahre alt waren. Während sie den Besucher aus Preußen über das Gelände im Hyde Park führte, sprach sie fließend Deutsch. Man kannte sich und verstand sich diesseits und jenseits des Kanals. Noch 1910 kam Kronprinzessin Victorias Sohn Kaiser Wilhelm II. nach London zum Begräbnis von Onkel Edward.

Das änderte sich erst mit dem Ersten Weltkrieg. Je länger er dauerte und je mehr sich die Propaganda auf die Hunnen und ihre echten und vermeintlichen Gräueltaten einschoss, desto mehr begann die pickelhaubige Verwandtschaft dem britischen Königshaus peinlich zu werden. Die antideutsche Stimmung, die von der britischen Propaganda nach Kräften vor allem mit Gruselgeschichten aus dem besetzten Belgien angefacht wurde, machte sogar vor Edwards Sohn George V. nicht halt, obwohl er in London geboren worden war. Premierminister David Lloyd George höhnte angeblich einmal vor einem Termin beim König: »Möchte wissen, was mir mein kleiner deutscher Freund zu sagen hat.« Und H. G. Wells, ohnehin kein Freund der Monarchie, unterstellte dem Hof in einem Zeitungsartikel, von diesem gehe keine inspirierende Wirkung aus und er sei fremdländisch geprägt. Nachdem schließlich sogar der Deutsche Schäferhund in Großbritannien nicht mehr *German Shepherd* heißen durfte, sondern vom englischen Hundezüchter-Dachverband in *Alsatian* (Elsässer) oder *Alsatian Wolf Dog* umgetauft worden war (der Etikettenschwindel wurde erst 2010 offiziell rückgängig gemacht), entschloss sich auch König George zum Handeln.

Am 17. Juli 1917 legte er den Familiennamen Saxe-Coburg and Gotha ab, den sein Großvater Albert anglisiert hatte, als er 1840 Victoria heiratete. Die Familie nannte sich fortan Windsor nach einem Schloss in der gleichnamigen Stadt in der Grafschaft Berkshire, das schon seit der Zeit Wilhelms des Eroberers eine Königsresidenz war. Zusammen mit dem Familiennamen entledigte sich George V. noch einer Reihe weiterer deutscher Titel. Das Satireblatt »Punch« zeigte ihn am 27. Juni 1917, als die Umtaufe schon feststand, als entschlossenen Putzteufel, der mit einem Reisigbesen bewaffnet eine Reihe von Kronen mit der Aufschrift »Made in Germany« auf den Kehrichthaufen fegt. Die Überschrift der Karikatur lautete »A Good Riddance«, was man getrost mit »Und tschüss!« übersetzen kann. Unter den Titeln und Ehrenzeichen, die George da vermüllte, dürften auch eher unbedeutende wie der bayrische Hubertusorden, der Hausorden von Hohenzollern, das mecklenburgische Großkreuz des Hausordens der Wendischen Krone, der preußische Schwarze Adlerorden und das Großkreuz des Roten Adlerordens, das Großkreuz des Sachsen-Ernestinischen Hausordens, der sächsische Hausorden der Rautenkrone und das Großkreuz des Hausordens vom Weißen Falken von Sachsen-Weimar-Eisenach gewesen sein. Darüber hinaus war George seit 1901 auch À-la-suite-Befehlshaber der deutschen Marine und seit 1903 Ehrenoberst des Rheinischen Kürassierregiments Nr. 8 »Graf Geßler« der preußischen Armee gewesen.

Schon in den ersten Kriegsmonaten hatte Georges Cousin Ludwig von Battenberg, ein morganatisch gezeugter und in Graz geborener Spross des Hauses Hessen-Darmstadt, wegen seiner deutschen Herkunft seinen Titel als Erster Seelord verloren. Dabei hatte er bereits seit seinem vierzehnten Lebensjahr als britischer Bürger in der Navy gedient und war 1912 zu deren Oberbefehlshaber aufgestiegen. Doch aufgrund wachsenden politischen Drucks drängte ihn Winston Churchill, der politische Aufseher der Marineführung, zum Rücktritt. Im russischen Revolutionsjahr 1917 verzichtete

Ludwig zusammen mit George auf alle deutschen Titel und änderte seinen Familiennamen zu *Mountbatten*.

Die Entdeutschung Georges war aber auch eine Reaktion auf die russische Februarrevolution 1917, die die Abdankung von Zar Nikolaus II. in Russland erzwungen und gezeigt hatte, wie fragil sogar Herrscherhäuser waren, die jahrhundertelang autokratisch regiert hatten. Um wie viel unsicherer musste sich da George als König in einer konstitutionellen Monarchie fühlen, der wusste, dass einer seiner Vorgänger geköpft worden war – lange bevor andere Nationen auf solche Ideen kamen.

Dabei hätte man am unglücklichen Ende des Zaren ablesen können, dass Umbenennungen nur bedingt hilfreich sind. Denn schon am 18. August 1914, nur drei Wochen nach Kriegsausbruch, hatte die Residenzstadt St. Petersburg den Namen hergeben müssen, den sie zuvor mehr als zweihundert Jahre lang getragen hatte, und zwar seitdem Zar Peter der Große sie zu Beginn des 18. Jahrhunderts rund um die Peter-und-Paul-Festung an der Newa hatte errichten lassen und nach seinem Schutzheiligen, dem Apostel Simon Petrus, benannt hatte. Weil im frühen 18. Jahrhundert Festung und Stadt zeitweise den niederländisch klingenden Namen St. Piterburch trugen, wurde St. Petersburg durch die Jahrhunderte und auch in der Zeit, in der es Petrograd und Leningrad hieß, von seinen Einwohnern mit dem Kosenamen *Piter* belegt. Die erste Umbenennung der Stadt hatte Zar Nikolaus II. zeitgenössischen Quellen zufolge persönlich angeordnet. Es dauerte ein bisschen, bis die Nachricht nach

Deutschland und Österreich gelangte. Doch am 2. September melden die Zeitungen in beiden Kaiserreichen sie unisono. Im Wiener »Fremdenblatt« steht kurz und knapp unter der Überschrift »Petersburg – Petrograd«: »Petersburg, 1. September. (Meldung der Petersburger Telegraphenagentur über Berlin.) Auf Befehl des Kaisers wird Petersburg künftighin Petrograd genannt werden.«

Die Braunauer »Neue Warte am Inn« kommentiert das einige Tage später hämisch: »Sollten die deutschen Heere etwa Petersburg an der Newa erobern, kann jetzt der Zar, ohne zu lügen, sagen, das sei nicht wahr, ein Petersburg gebe es in Russland gar nicht.« Das »Prager Tageblatt« interpretiert die Nachricht aus der Sicht der von den russischen Niederlagen in Ostpreußen erschütterten verbündeten Regierung in Paris: »Damit ist aber dem niedergeschmetterten Frankreich nicht geholfen.« Und das »Prager Abendblatt« zieht am 5. September Dostojewski heran, um den grotesken Vorgang einzuordnen: »Der große russische Dichter Dostojewski, der mit seinem Buch ›Verbrechen und Strafe‹ eines der merkwürdigsten Bücher geschrieben hat, welche die moderne Literatur aufzuweisen hat, der, wie so viele der bedeutendsten Menschen in Rußland, zum Tode verurteilt und zu vieljähriger sibirischer Strafarbeit in Ketten und der Einstellung in den Militärdienst als Gemeiner begnadigt wurde, hat Petersburg geschildert wie es auf das Gemütsleben wirkt. ›Petersburg‹, sagt eine der Figuren seines berühmtesten Werkes, ›ist eine Stadt der Halbverrückten.‹ Von jenen, welche diesen furchtbaren Krieg angestiftet, wird ein

Dostojewski der Zukunft sagen müssen, daß sie nicht Halbverrückte, sondern komplett Verrückte waren.«

Deutsche Namen waren in patriotisch aufgewallten alliierten Ländern nicht mehr opportun. St. Petersburg und das Haus Sachsen-Coburg-Gotha sind nur die berühmtesten Beispiele für die im Zuge dieses Stimmungsumschwungs erfolgten Umbenennungen. Auch viele unbedeutende Käffer am anderen Ende der Welt mussten für ihren Namen büßen.

Einleuchtend ist, dass in den Kolonien viele noch sehr frische deutsche Namen rasch wieder ausgelöscht wurden. Dort hatte man eifrig Orte, Berge und Landschaften umgetauft und folgte darin einem ideologischen Programm, das in den »Blättern« des einflussreichen ultranationalistischen Alldeutschen Verbands 1894 formuliert worden war. Man solle sich ein Beispiel an den Engländern nehmen: »Kaum besassen sie Neu-Amsterdam, da hieß es auch schon New York.« Die Neuguinea-Gesellschaft sei bei der Vergabe deutscher Namen zwar sehr rasch gewesen, aber auch recht unpraktisch vorgegangen: »Wie lange muss wohl der Papua buchstabieren, bis er ›Kaiserin-Augusta-Fluss‹ sprechen und gar schreiben lernt, und Kaiser Wilhelmsland könnte ebenso gut einfach Wilhelmsland heissen. Warum aber behält man die Namen: Tanganika- und Nyassasee bei und sagt nicht Schwarzer- und Langensee, oder noch besser Peters-See und Wissmann-See. Oder warten wir vielleicht, bis die Engländer oder Franzosen oder Belgier jenen Gewässern neue Namen geben, die wir dann pflichtschuldigst nachbeten? Jede kaiserliche Station müsste einen klingenden, kurzen, deutschen Namen haben, und so gut Bagamoyo etwa ›Süd-Koeln‹ und Dar es Salaam ›Neu-Kiel‹ heissen könnte, so gut könnte man den Kilima Ndjaro auch ›Kaiserberg‹ nennen.«

Dieses Programm setzte besonders fleißig der deutsche Vogelkundler und Ethnologe Otto Finsch um. 1884 reiste er zum zweiten Mal in den Südpazifik, wo er für das Deutsche Reich das Gebiet erschließen und die Inbesitznahme vorbereiten sollte. Dabei vergab er zwischen vier- und fünfhundert Namen für Orte in Deutsch-Neuguinea. Finsch reiste im Land umher, nummerierte geografische Objekte auf seiner Landkarte – und teilte den Nummern später am Schreibtisch Namen zu. 1901 schrieb Finsch über seine Benennungen in Kaiser-Wilhelmsland: »In dieser größten deutschen Südsee-Besitzung war es mir vergönnt, einen ›Kaiserin-Augusta-Fluss‹, ›Kronprinz-Friedrich-Wilhelm-Hafen‹, ›Prinz-Wilhelm-Fluss‹ und ›Prinz-Heinrich-Hafen‹ einzufügen, sowie ein ›Bismarck-Gebirge‹, gewaltig und unvergänglich wie der Träger des Namens.«

Finsch trug wesentlich dazu bei, dass im Südpazifik so viele deutsche Kolonialnamen vergeben wurden. 1600 sind für diese Weltgegend im »Großen Deutschen Kolonialatlas« von 1915 verzeichnet, fast 60 Prozent aller Namen, die Deutsche in sämtlichen Schutzgebieten vergeben hatten. Davon sind die meisten schon nach der Eroberung durch australische Truppen 1914 wieder revidiert worden. Höchstens zehn Prozent von den ursprünglich tausend allein in Deutsch-Neuguinea vergebenen Namen existieren heute noch. Zu den Relikten der Kolonialzeit zählen der *Mount*

Hagen in den Western Highlands, der nach einem preußischen Offizier benannt ist, der *Seeadler Harbour*, benannt nach einem Kreuzer der Kaiserlichen Marine, oder eben das *Bismarckgebirge* mit dem höchsten Berg Neuguineas, dem 4509 Meter hohen *Mount Wilhelm*, ehemals *Wilhelmsberg*, der zusammen mit den benachbarten Gipfeln *Ottoberg*, *Mariaberg* und *Herbertberg* 1888 von dem deutschen Journalisten und Forschungsreisenden Hugo Zöller nach Otto von Bismarck und seinen drei Kindern benannt wurde.

Als weiteres Beispiel für die Umsetzung der alldeutschen Handlungsanweisungen mag Kiautschou dienen, das bei der Unterzeichnung des Pachtvertrags 1898 schon recht dicht besiedelt war und in dem es für alle wichtigen Orte eigentlich längst chinesische Bezeichnungen gab. Doch kaum war die Kolonie übernommen, begann man sie mit deutschen Namen zu überziehen. Der Reiseschriftsteller Ernst von Hesse-Wartegg berichtet bereits wenige Monate nach der erzwungenen Übernahme:

So heißt beispielsweise die Insel Tschiposan heute Kaiserinsel, Potato Island ist in Cormoraninsel umgetauft worden. Zwei Berge, welche sich hinter Tsingtau erheben und bisher bei den Chinesen wohl namenlos waren, heißen nach den eigentlichen Gründern von Deutsch-China, Admiral Diederichs und Kapitän Truppel, der Diederichs- und Truppelberg. Weiter nach Osten wurde ein Berg der Kaiserstuhl, der ihm nächstgelegene Prinz-Heinrichberg getauft. Es herrschte eine Zeitlang eine wahre Wut, jeden Erdhügel mit

irgendeinem vornehmlich dem zarten Geschlecht angehöri-
gen Namen zu belegen: Mathilde, Anna, Klara, Marie etc.
Ob die Berggipfel ihre neuen Namen auf Dauer behalten
werden, ist noch zweifelhaft; jedenfalls konnte jeder Täufer
seiner herzigen Mathilde, seiner schönen Anna, seiner zar-
ten Klara und seiner Herzensmarie die freudige Mitteilung
machen, daß er ihrer im fernen China in so schmeichelhaf-
ter Weise gedacht hat.

Manche von diesen Namen wurden, wie der Schriftsteller
vermutete, schon von den deutschen Behörden wieder ge-
strichen, die andern vergaßen die Chinesen glücklich wieder,
als die europäischen Herren sechzehn Jahre später weg waren.

Der Verlust deutscher Namen in den Kolonien war zu
verkraften. Die Deutschen, die die Umbenennungen hätten
betrauern können, waren ja nicht mehr da. Sie wurden
spätestens nach Inkrafttreten des Versailler Vertrags am
10. Januar 1920, mit dem Deutschland alle Kolonien verlor,
heimgeschickt.

Schwerwiegender trafen die Umbenennungen Bewohner
von Orten in Ländern, die nie deutsch gewesen waren, wo
aber Auswanderer ihrer neuen Heimat deutsche Namen gegeben hatten. Denn die Menschen, für die diese Namen Heimat bedeuteten, lebten ja weiterhin dort. Das australische
Petersburg durfte genau wie das russische nicht mehr so
heißen und wurde zu *Peterborough*. Insgesamt wurden auf
dem fünften Kontinent mehr als hundert von Auswanderern mit deutschen Namen belegte Orte, Flüsse oder Ber-

ge umgetauft. Man anglisierte entweder ihre Bedeutung, griff auf Ortsbezeichnungen der Aborigines zurück, taufte sie nach Schlachten in Europa oder ersetzte deutsche Taufpaten durch britische – so wurde aus dem 600 Meter hohen *Kaiserstuhl*, der in Südaustralien das Barossa-Tal überblickt, der *Mount Kitchener* und aus dem nördlichen und südlichen Teil des Rhine River *The Somme* (heute *Somme Creek*) und *The Marne* (heute *Marne River*). Manche dieser Änderungen wurden allerdings wieder rückgängig gemacht. Bei vielen geschah das durch den South Australia Nomenclature Act vom 12. Dezember 1935, den ein gewisser Heinrich Krawinkel, Vorsitzender der German-Australian Historical Society, mit einem Brief an den australischen Premierminister angeregt hatte.

In den siebziger und achtziger Jahren, als die durch den Zweiten Weltkrieg verständlicherweise nicht geringer gewordenen antideutschen Emotionen endlich abgeklungen waren, gab es dann noch einmal regelrechte Rückbenennungswellen: Das in *Karawirra* gewandelte *Hoffnungsthal* trägt seit 1975 wieder den alten Namen. Und auch der kurzzeitige *Mount Kitchener*, der schon seit 1918 immerhin *Kaiser's Seat* hieß, wurde im gleichen Jahr wieder zum *Kaiserstuhl*. *Mount Kitchener* war ohnehin keine gute Wahl gewesen, denn so hieß seit 1916 auch der 935 Meter hohe ehemalige *Mount Bismarck* im westaustralischen Victoria nahe Melbourne.

In Deutschland hat es ebenfalls derartige Umbenennungen gegeben: Das 1912 eröffnete *Café Piccadilly* in der

Köthener Straße nahe des Potsdamer Platzes, ein riesiges Etablissement mit 2500 Plätzen, wurde 1914 in *Kaffee Vaterland* umbenannt. Das blieb aber eine der wenigen Ausnahmen. Es gab einfach nicht so viele anstößige Orte mit Namen aus den Feindnationen wie im Auswandererstaat Australien. Und diejenigen, die es gab, erinnerten oft an deutsche Siege: Die Belle-Alliance-Straße in Berlin durfte ihren Namen behalten, weil dies der in Preußen gängige Name jener Schlacht war, die heute als Waterloo bekannt ist. Und keine einzige der vielen Sedanstraßen im Reich musste ihren Namen büßen.

Ganz anders in einem anderen Teil der Welt, in dem deutsche Auswanderer viele nun plötzlich unerwünschte Ortsnamen hinterlassen hatten – in Amerika. Der Feldmarschall Horatio Herbert Kitchener, eine Galionsfigur des britischen Imperialismus und berüchtigt wegen der Konzentrationslager, die er im Burenkrieg für südafrikanische Zivilisten eingerichtet hatte, war nicht nur in Australien Tauschobjekt für viele ursprünglich deutsche Namen: Am 28. Juni 1916 votierten auch die Bürger von Berlin im kanadischen Bundesstaat Ontario dafür, ihre Stadt nach ihm zu benennen. Das »Grazer Tageblatt« berichtet darüber am 6. Juli 1916 mit einigen geografischen Ungenauigkeiten: »Umtaufe einer englandfreundlichen Stadt in Amerika. Die Bürger der amerikanischen Stadt Berlin (Ontario) haben, wie die ›Daily News‹ berichten, beschlossen, den Namen ihrer Stadt in Kitchener umzuändern. Die neue Stadt Kitchener zählt ungefähr 16 000 Einwohner.«

Zur Auswahl standen für die kanadischen Berliner auch die Namen *Adanac, Brock, Benton, Corona* und *Keowana*. Kitcheners Name war erst kurzfristig nach seinem Tode auf die Liste geraten: Am 5. Juni versank der Panzerkreuzer HMS Hampshire, der Kitchener für eine diplomatische Mission ins russische Archangelsk bringen sollte, innerhalb von 15 Minuten mit Mann und Maus vor den Orkneyinseln, nachdem er auf eine deutsche Mine gefahren war. Der 65 Jahre alte Kitchener, der seit dem 5. August 1914 als Kriegsminister amtierte, war einer von 643 Toten. Trotzdem lag sein Name am Ende bei der Abstimmung in Berlin mit 346 Stimmen von 729 gültigen nur knapp vor *Brock*. Wahlberechtigt waren 5000 männliche Steuerzahler unter den etwa 16 000 Einwohnern gewesen. Aber viele Berliner hatten es vorgezogen, zu Hause zu bleiben, statt sich an einem solchen Akt der Selbstverleugnung zu beteiligen. Andere hatte man mit Drohungen oder gar Gewalt von den Urnen ferngehalten. Am 1. September wurde die Stadt offiziell umgetauft.

Vorangegangen waren seit 1914 immer intensivere ethnische Konflikte zwischen den Deutschstämmigen, die lange die Bevölkerungsmehrheit in der kleinen florierenden Industriestadt gestellt hatten, und den Abkömmlingen britischer Einwanderer in Berlin und dem umliegenden Waterloo-Distrikt. In der Stadt selbst waren zwar 70 Prozent der Einwohner deutschstämmig, aber nur noch acht Prozent in Deutschland geboren. Sie alle waren loyale Bürger Kanadas. Ein Artikel aus der größten kanadischen Tageszeitung »The

Globe and Mail« zum hundertsten Jahrestag der Umbenennung zitiert den Geschichtsprofessor Ken McLaughlin von der Universität Waterloo: »Ihre Identität war komplett kanadisch und lokal. Wir denken sie uns heute als deutsche Gemeinschaft, aber die überwältigende Mehrheit der Menschen, die in Berlin lebten, kam lange vor der Reichseinigung hierher. Sie hatten in keiner Weise Anteil an der starken deutschen nationalistischen Stimmung, die begann, nachdem Otto von Bismarck 1871 Deutschland vereinigt hatte. Also hatte diese Gemeinschaft niemals etwas gemein mit dem Aufkommen jener militaristischen deutschen Identität.«

Im Gegenteil: Zur Verschärfung der antideutschen Gefühle trug gerade bei, dass viele Berliner Mennoniten waren, also Angehörige einer aus den Wiedertäufern hervorgegangenen protestantischen Glaubensgemeinschaft, die strikten Pazifismus predigte und den Dienst an der Waffe ablehnte. Sie war im lutherischen Deutschland und auch in der calvinistischen Schweiz verfolgt worden. Deshalb flohen etliche ihrer Mitglieder nach Amerika, zunächst nach Pennsylvania. Im späten 18. Jahrhundert zogen sie gen Norden über die Grenze nach Kanada, weil das Farmland dort billiger war als im mittlerweile schon recht dicht besiedelten Pennsylvania. Außerdem schwanden die religiöse Toleranz und die Zurückhaltung dieses Staates spürbar in der Zeit der Amerikanischen Revolution.

Im erhitzten Klima des Ersten Weltkriegs wurde den Mennoniten ihre Weigerung, Dienst an der Waffe zu leisten, als Vaterlandsverrat ausgelegt. Das in Berlin stationierte 118. Bataillon führte sich auf wie eine fremde Besatzungsmacht, aufgehetzt von englischstämmigen Politikern, die eine Chance witterten, die deutsche Elite der Stadt zu verdrängen. Die entfesselte Soldateska beschimpfte Einheimische als Feiglinge und Verräter, zwang Männer mit Gewalt und Haftandrohung in die Uniform, plünderte deutsche Geschäfte, verwüstete deutsche Vereinsheime und zerrte einen lutherischen Pfarrer, der Einwände gegen den Krieg vorgebracht hatte, aus seinem Haus und schleifte ihn durch die Straßen. Eine Büste Kaiser Wilhelms I. im Viktoria-Park wurde 1914 zunächst in den Parksee geworfen und wieder herausgeholt. Dann verschwand sie für immer, nachdem Angehörige des Bataillons in die Räume des deutschen Concordia-Gesangsvereins eingebrochen waren, in denen man die Skulptur in Sicherheit gebracht hatte. Die leere Säule im Park, auf der die Büste einst stand, erinnert heute noch an das dunkelste Kapitel der Stadt.

Als die erste Ansammlung von Häusern am Verkehrsknotenpunkt innerhalb der von mennonitischen Farmen geprägten Landschaft 1833 *Berlin* getauft wurde, konnte niemand ahnen, dass der Name der fernen preußischen Hauptstadt einmal solche Aversionen auslösen würde. Preußen und Großbritannien hatten einige Jahre zuvor gemeinsam den französischen Kaiser Napoleon besiegt, und die Insel wurde regiert von einem Königshaus namens Hannover, das also den Namen einer Stadt trug, aus der einige hundert deutsche Soldaten in Waterloo auf Seiten der Briten kämpften und deren Standfestigkeit angesichts französischer Attacken geholfen hatte, die Schlacht zu entscheiden. Noch im Mai 1914 schmeichelte der Generalgouverneur von Kanada den Bewohnern: »Es ist für mich sehr wichtig, dass viele Bürger Berlins deutscher Herkunft sind. Ich kenne die bewundernswerten Qualitäten – die Gründlichkeit, die Zähigkeit und die Treue – der teutonischen Rasse, der ich eng verwandt bin. Ich bin sicher, dass diese ererbten Eigenschaften helfen werden, gute Kanadier und loyale Bürger des britischen Empires zu schaffen.«

Die Stadt entwickelte sich zu einem industriellen Zentrum, in dem Möbel, Lederwaren, Schuhe, Hemden, Knöpfe und Würste hergestellt wurden. Das Etikett »Made in Berlin« stand innerhalb Kanadas für ein ähnliches Qualitätsversprechen wie »Made in Germany« im Rest der Welt. Doch schon in den Jahren vor dem Ersten Weltkrieg deutete sich ein Stimmungsumschwung an. Zwischen 1896 und 1914 hatte Kanada mehr Einwanderer aufgenommen als in jeder anderen Epoche seiner Geschichte. Latente Ängste vor Menschen, die nicht Englisch sprachen und keine angelsächsischen Protestanten waren, steigerten sich immer mehr. Diesen bereits vorhandenen Rassismus musste die Kriegspropaganda nur schüren.

Im Mai 1916 wurde zunächst darüber abgestimmt, ob die Stadt überhaupt umbenannt werden sollte. Mit einer knappen Mehrheit von nur 81 Stimmen wurde der Name Berlin abgewählt. Beteiligt hatten sich 3057 Wahlberechtigte. Die Vorschläge für einen neuen Namen, die nun aufkamen, machten die Stadt zum Gespött Kanadas, zu den absurdesten gehörten *Hydro*, *Homeland*, *Khaki*, *Imperial City*, *Industria*, *Cosmos*, *Dawn*, *Emblem*, *Newborn*, *Paragon*, *Majesty*, *Cameo*, *Uranus*, *Imperator*, *Colonia*, *Mechano* und *Confidence*. Eine eiligst einberufene Kommission wählte schließlich die sechs halbwegs akzeptablen Namen aus, die im Juni zur Wahl standen.

Wie weit die Spaltung der Stadt gediehen war, zeigte sich sogar in der Typografie des Wahlzettels. Dort stand einmal auf Englisch in Antiquaschrift: »Berlin, June, 1916 Voting for a new name for the City of Berlin«, darunter in Fraktur: »Berlin, Juni, 1916 Abstimmung für den neuen Namen der Stadt Berlin«. Was dann geschah, fasst der schon zitierte »Globe and Mail«-Artikel hundert Jahre später zusammen: »An einem bitteren Tag mitten in einem Krieg, der für Kanadas beste Werte gekämpft wurde, gewannen gedungene Schläger und Fremdenhasser eine Schlacht um die Kontrolle unser nationalen Identität. Eine Stadt von 19 000 Einwohnern, die tief in ihrem ein Jahrhundert alten germanischen Erbe verwurzelt war, wurde gezwungen, ihre eigene Existenz zu verleugnen. Sie ergab sich angesichts der einschüchternden Akte und Anschuldigungen der Illoyalität, die begangen wurden von engstirnigen Patrioten, die nicht wahrhaben wollten, dass Kanada etwas anderes als englisch sein könnte.«

Im Dezember 1919 unternahm der Stadtrat noch einmal einen Versuch, dem Ex-Berlin seine verlorene Identität zurückzugeben. Vergeblich. Kriegsveteranen aus der Stadt und ihrem eher englisch geprägten Umland griffen Befürworter einer Rückumbenennung an. Die Redaktion einer Zeitung, die den erneuten Namenswechsel unterstützte, wurde verwüstet. Anglo-Aktivisten verprügelten sogar den Bürgermeister. Danach fand man sich mit dem Namen *Kitchener* ab.

Vergessen ist das deutsche Erbe der Stadt aber nicht. Seit ein paar Jahren erinnert wieder eine Bar namens *The Berlin* in der Altstadt an die deutsche Vergangenheit. Und schon seit Ende der sechziger Jahre nutzt man teutonisches Brauchtum zur Touristenwerbung und Imagebildung: Seit 1996 gibt es dort einen Christkindle Market im deutschen Stil. Und sogar schon seit 1969 wird ein Oktoberfest gefeiert. Das Fest, dessen Parade landesweit im kanadischen Fernsehen ausgestrahlt wird, ist allerdings in vieler Hinsicht eine Travestie. Sein Maskottchen ist eine »Onkel Hans« genannte Figur in einer vage bayerischen Tracht mit Lederhosen und Gamshut. Zu einer von Mennoniten und Lutheranern geprägten Stadt, die einst den Namen der erzprotestantischen norddeutschen Metropole Berlin trug, passt das alles nur, wenn man sehr viel Bier getrunken hat. Als Kitchener noch seinen deutschen Namen trug, gab es dort – wenig überraschend – kein Oktoberfest.

Unter etwas weniger dramatischen Umständen als das heutige Kitchener wurde die kleine Gemeinde *Berlin* in Kalifornien südlich der kanadisch-amerikanischen Grenze in *Genevra* umbenannt. Der Ort hatte seinen Namen stolz getragen, seitdem 1870 Funktionäre der Southern Pacific Railroad, neben deren Eisenbahnschienen er gewachsen war, ihn so getauft hatten. Und erst nach dem Krieg gab man 1919 dem 3000-Einwohner-Nest *Berlin* in Michigan den Namen *Marne*, um die Toten der zweiten Marneschlacht zu ehren, die im Sommer 1918 die deutsche Niederlage eingeleitet hatte und in der – im Gegensatz zur ersten Marneschlacht 1914 – auch Amerikaner gekämpft hatten.

Trotz aller germanophoben Gefühle retteten in den USA immerhin mehr als zwanzig Orte namens *Berlin* ihren Namen über zwei Weltkriege.

Oft weniger spektakulär, aber nicht weniger häufig wurden gerade in den ersten Kriegsjahren in den alliierten Ländern Straßen umbenannt, die irgendwie deutsch klingende Namen trugen. Im »Leeds Mercury« wird am 11. November 1915 zum Ausdruck gebracht, dass es patriotische Pflicht sei, sich aller teutonischen Namen im Stadtplan zu entledigen: »Es gibt zahlreiche Fälle im Stadtgebiet, wo standhaft patriotische britische Bürger sozusagen unter deutscher Adresse leben müssen und die Anwohner von Verkehrswegen mit so ausgesprochen teutonischen Namen wie Bismarck, Wiesbaden, Gothenburg, Berlin, Stuttgart und so weiter grollen natürlich über diese anrüchigen Benennungen.«

In Frankreich spielte sich Ähnliches ab. Schon 1914 wurde dem kleinen Romilly-sur-Seine, nicht weit von den Schauplätzen der Marneschlacht, erlaubt, die Namen der *Avenue d'Allemagne* und der *Rue de Berlin* in *Avenue Jean Jaurès* und *Rue de Liège* zu ändern. Der sozialistische Parteiführer Jaurès war zwar gegen den Krieg gewesen, doch nach seiner Ermordung kurz vor Kriegsausbruch wurde er zur Leitfigur der Union sacrée, des nationalen Bündnisses, das Rechte und Linke während des Krieges geschlossen hatten, ähnlich dem deutschen Burgfrieden.

Nachdem es in Kanada nicht nur in Berlin, sondern auch in anderen Distrikten wie Victoria, Alberta, British Columbia und Calgary zu antideutschen Pogromen gekommen war, wurden auch hier viele Straßennamen geändert. Beispielhaft dafür ist Toronto, wo man besonders gründlich war und selbst solche unverdächtigen und unmilitaristischen deutschen Straßennamenspatrone wie Liszt, Humboldt und Schiller entsorgte.

Auch in den USA, das kann uns nach dem Eröffnungskapitel wenig überraschen, kam es dank der antideutschen Wallungen zu vielen Umbenennungen: Aus der *German Street* in Cincinnati wurde die *English Street* und die *Berlin Street* machte man dort zur *Woodward Street*. In Chicago verwandelten sich *Luebeck*, *Frankfort* und *Hamburg Street* in *Dickens*, *Charleston* und *Shakespeare Street*. In New York wurde die *Hamburg Avenue* in Brooklyn zur *Wilson Avenue* und die *Berlin Street* benannte man nach General Pershing, dem Leiter des US-Expeditionskorps in Frankreich. Pershing ersetzte auch den Reichskanzler in der nunmehr ehemaligen *Bismarck Street* von Indianapolis, die *Germania Street* wurde hier zur *Belleview Street*.

Auch Institutionen in den USA wollten nach 1917 nicht mehr deutsch sein. Aus den *German Hospitals* in Chicago und New York wurden das *Grant Hospital* und das *Wyckoff Heights Hospital*. Die wohl wichtigste Namensänderung betraf eines der größten Versicherungsunternehmen Amerikas: Aus der *Germania Life Insurance Company*, die der deutsche Rechtsanwalt, 1848er-Revolutionär und politische Flüchtling Hugo Wesendonck 1860 mit dem Startkapital deutscher Auswanderer für ebendiese Zielgruppe gegründet hatte, wurde die *Guardian Life Insurance Company*, bis heute ein Riese unter den US-Versicherungen.

Ganz anders im schottischen Aberdeen. Dort stimmten die Einwohner im Dezember 1914 gegen die Änderung deutsch klingender Straßennamen. Im Laufe des Krieges nahm der Enthusiasmus für solche linguistischen Propagandaaktionen in ganz Großbritannien ab, so wie die Kriegsbegeisterung insgesamt. Doch im nordenglischen Hull erregten sich Mitglieder des Stadtrats noch im Oktober 1916 darüber, dass es in ihrer Stadt deutsche Straßennamen gäbe, obwohl die Nation sich im Krieg mit dem Reich befände. Der Aufruhr konnte beigelegt werden, indem man die Empörten darauf hinwies, dass die Namen *Stynberg Street* und *Rustenberg Street* an die britischen Kriege in Südafrika erinnerten und ohnehin eher holländisch als deutsch seien.

Dass das Bedürfnis, deutsche Straßennamen zu ändern, mit Kriegsende endgültig abebbte, zeigt eine Begebenheit im Londoner Parlament im November 1918. Auf einen Antrag, die Umbenennung sämtlicher betroffener Straßen zuzulassen, antwortete der konservative Mehrheitsführer Andrew Bonar Law markig: »Wir sind, denke ich, mit wichtigeren Dingen beschäftigt.«

Eine humoristische Fußnote zu alledem ist, dass in Australien das auch dort unter dem Namen *Berliner* bekannte Gebäck während des Ersten Weltkriegs tatsächlich in *Kitchener Bun* umbenannt wurde und bis heute so heißt. Während man in Deutschland niemals einem Gebäck dieses Namens begegnen wird und linguistische Weltkriege hier bestenfalls halb ernst darum geführt werden, ob die Dinger nun *Berliner, Pfannkuchen* oder *Krapfen* heißen, ist ein anderes kulinarisches Produkt, das im Ersten Weltkrieg seinen Namen verlor, auch Teil unseres Alltags: der Hotdog.

Bis 1914 war diese spezielle Kombination von Brötchen und Wurst in den USA unter dem Namen *Frankfurter* bekannt. Zwar gab es mindestens seit 1900 schon die Benennung *hot dog*, die darauf zurückgeführt wird, dass diese typisch deutschen Würstchen den ebenfalls typisch deutschen Dackeln ähnelten. Doch noch 1913 verbot die New Yorker Handelskammer, diesen Namen auf Schildern in den Vergnügungsparks von Coney Island zu benutzen, weil niemand auf die Idee kommen sollte, in den Hotdogs wäre Hundefleisch. Spätestens nach dem Kriegseintritt der USA 1917 schmeckte den Amerikanern nichts mehr, was einen deutschen Namen trug – die »Huns« erschienen ihnen noch abscheulicher als die Hunde. Es gab verschiedene Alternativvorschläge. Da sich *liberty sausage* niemals richtig durchgesetzt hat, blieb es schließlich bei *hot dog*.

Andere Namensänderungen haben sich nicht lange gehalten: 1918 wurde bei der Federal Food Administration eine Petition eingereicht, *Sauerkraut* in *liberty cabbage* umzubenennen. Großhändler, Bauern und Gemüsekrämer wiesen auf den abrupten Niedergang des Sauerkrautabsatzes seit Kriegsbeginn hin und wollten diesen aufhalten, indem sie ihrem Produkt einen stolzen amerikanischen Namen gaben. Die »New York Times«, die über den Vorgang am 25. April 1918 berichtete, konnte das Anliegen nicht recht ernst nehmen:

Das Federal Food Board wurde gestern auf einen feindlichen Ausländer innerhalb seines Zuständigkeitsbereichs hingewiesen, als eine Delegation von Gemüsehändlern das Leitungsbüro des Boards ansprach und beantragte, sofort das prodeutsche Stigma des Sauerkrauts zu entfernen. Das Vorurteil, das sich gegen solch ein Nahrungsmittel unübersehbar deutschen Ursprungs entwickelt habe, sei schuld daran, dass große Mengen Sauerkrauts auf dem Müll landeten. Deshalb müssten entschiedene Maßnahmen unternommen werden, um den allgemeinen Eindruck zu zerstreuen, Sauerkraut wäre jetzt nur noch ein Essen für den Kaiser. Einige der Händler schlugen vor, den Namen »Sauerkraut« zu tilgen und die Abneigung zu vermeiden, indem man ihm eine Bezeichnung wie »liberty cabbage« oder »pickled vegetables« gebe. Sie gaben an, dass sein Konsum um 75 Prozent gesunken sei, nachdem unser Land in den Krieg eingetreten war, und dass gegenwärtig genug Sauerkraut in den Vorratshallen sei, um eine deutsche Armee von ordentlicher Größe damit zu ernähren.
A. Joseph, der Sprecher der Abordnung, sagte: »Was kann in so einem Fall unternommen werden? Sauerkraut ist ein

gutes Essen. Es stimmt, dass es deutscher Abkunft ist, aber es ist ein ganz und gar amerikanisches Produkt, was seinen Verzehr in diesem Land angeht. Große Mengen davon würden zu Abfall, wenn nicht etwas unternommen wird, um seinen Konsum anzuregen. Seit wir in den Krieg eingetreten sind, gibt es ein spezielles Vorurteil dagegen, sodass nun allein im Bezirk New York 400 Tonnen in unseren Lagern sind. Wir haben darüber nachgedacht, den Namen zu ändern und Namen wie ›Freiheitskohl‹ und ›eingelegtes Gemüse‹ wurden vorgeschlagen.«

Der ganze Sauerkrautkulturkampf war aber schnell wieder vorbei. Auch *liberty measles* durften nach 1918 bald wieder *German measles* heißen, aus den *liberty pups* wurden wieder *dachshunds* und – für die kulinarische Geschichte des 20. Jahrhunderts besonders entscheidend – der *Hamburger* durfte sein Pseudonym *liberty sandwich* wieder ablegen.

Die Erinnerung an all diese Vorgänge und ihre komische Komponente hat bekanntlich einzelne kulinarische Patrioten im Vorfeld des Golfkriegs 2003 nicht davon abgehalten, die *french fries* – also unsere Pommes frites – *freedom fries* zu nennen, weil die Franzosen dem Präsidenten George W. Bush die Gefolgschaft im Irak verweigert hatten. In Abwandlung des berühmten Karl-Marx-Zitats: Die Geschichte wiederholt sich – das erste Mal als Komödie und das zweite Mal als Farce.

Unterdessen kämpft Sarrazin
an der Heimatfront

1871 schuf Otto von Bismarck mit der Macht preußischer Gewehre das deutsche Kaiserreich. Das weiß nahezu jeder. Weniger bekannt ist, dass in diesem neuen Deutschland erst einmal eine Landessprache geschaffen werden musste. Zwar hatten die Rezeption der Weimarer Klassiker, die in allen deutschen Klein- und Großstaaten gelesen wurden, die politische Publizistik der 1848er-Revolution und die ersten Ansätze einer überregionalen Presse viel dazu beigetragen, das Werk Luthers zu vollenden und dem noch geteilten Land eine gemeinsame Sprache zu geben. Aber es gab doch noch mehr Unterschiede zwischen den Regionen als das heute, wo wir alles durch die Perspektive eines selbstverständlich geeinten Deutschlands betrachten, vorstellbar ist.

Beispielsweise galten in den verschiedenen Landesteilen unterschiedliche Rechtschreibregeln. So schrieb man in Bayern längst *Zentrum* und *zivil*, als die Preußen noch an der Schreibung *Centrum* und *civil* festhielten. Die Erste Orthographische Konferenz, die der preußische Kultusminister Adalbert Falk 1876 in Berlin einberief, sollte da Abhilfe schaffen. Doch die Rechtschreibreform scheiterte, weil sich die vierzehn versammelten Spezialisten zwar auf eine gemäßigt veränderte Einheitsschreibung einigten, Reichskanzler Otto von Bismarck aber seinen Beamten verbot, sich danach zu richten. Nach dieser Niederlage beschloss der Lehrer und Orthografietheoretiker Konrad Duden, ein Wörterbuch zusammenzustellen, das die häufigsten Schreibweisen verzeichnete – ganz unabhängig davon, ob er diese theoretisch richtig fand. Als Dudens Sammlung 1880 als »Vollständiges Orthographisches Wörterbuch der deutschen Sprache« erschien, wurde es das Buch, das die deutsche Sprache neben der Lutherbibel am meisten beeinflusste.

Wesentlich weniger zurückhaltend als Duden waren die Sprachpuristen, die antraten, die Sprache des neuen Reichs von unerwünschten Ausländern zu reinigen. Ihre wichtigste Organisation war der Allgemeine Deutsche Sprachverein mit seiner Zeitschrift »Muttersprache«, den der Braunschweiger Kunsthistoriker und Direktor des Herzoglichen Museums Herman Riegel 1885 gegründet hatte. Der Verein war schon fast ein Nachzügler der großen Gründungswelle von Interessenverbänden, die nach der Reichsgründung 1871 eingesetzt hatte. Die wichtigsten Zusammenschlüsse, die Druck auf Parlamente, Parteien und Bürokratie ausübten, waren der Verein deutscher Textilindustrieller, der Verein deutscher Eisen- und Stahlindustrieller sowie der Centralverband deutscher Industrieller. Sie kämpften vor allem für Schutzzölle zur Pflege der heimischen Wirtschaft. Ganz ähnlich stritt der Allgemeine Deutsche Sprachverein für linguistische Schutzzölle zur Reinhaltung der Sprache. Nur war er, genau wie der 1882 gegründete Kolonialverein, der für einen »Platz an der Sonne« agitierte, oder der ultranationale Alldeutsche Verband, kein elitärer Millionärslobbyclub, sondern ein breites bürgerliches Bündnis. Rasch entstanden Zweigvereine in ganz Deutschland, die sich daranmachten, Fremdwörter auszumerzen.

Derartige Bestrebungen hatte es schon vor der Gründung des Sprachvereins gegeben. Die Fremdwortphobie hat in Deutschland eine lange, von nationaler Demütigung und Auslöschungsängsten geprägte Geschichte, die bis zum Barock zurückreicht. Durch die Reichsgründung wurde der Sprachpurismus staatlich und halbstaatlich institutionalisiert. Man war der Überzeugung, der Sieg im Krieg gegen Frankreich sei auch einer des deutschen Geists und der deutschen Kultur gewesen. Friedrich Nietzsche hielt das für einen verhängnisvollen Irrtum. Er sah hinter dem politischen Sieg die geistige Niederlage. In seinen »Unzeitgemäßen Betrachtungen« schrieb er: »Von allen schlimmen Folgen aber, die der letzte mit Frankreich geführte Krieg hinter sich drein zieht, ist vielleicht die schlimmste ein weitverbreiteter allgemeiner Irrthum: der Irrthum der öffentlichen Meinung und aller öffentlich Meinenden, daß auch die deutsche Kultur in jenem Kampfe gesiegt habe und deshalb jetzt mit den Kränzen geschmückt werden müsse, die so außerordentlichen Begebenheiten und Erfolgen gemäß seien. Dieser Wahn ist höchst verderblich: nicht etwa, weil er ein Wahn ist – denn es gibt die heilsamsten und segensreichsten Irrtümer –, sondern weil er imstande ist, unseren Sieg in eine völlige Niederlage zu verwandeln: in die Niederlage, ja Exstirpation des deutschen Geistes zugunsten des deutschen Reiches.«

Aber auf Nietzsche hörte ja keiner. Der neu gegründete Nationalstaat wollte den Geist des besiegten Frankreichs zusammen mit den französischen Wörtern austreiben. Die Gelegenheit dazu ergab sich, als man reichsweit den amtlichen Sprachgebrauch in den Behörden und beim Militär vereinheitlichte. Mit den dafür gedruckten Verordnungen wurden Sprachregelungen durchgesetzt. Es gab umfangreiche behördliche Fremdwortverdeutschungen. Weil die Schweiz, Österreich und Luxemburg diese neuen Wörter selten übernahmen, wuchs der Unterschied zwischen Varietäten des Deutschen in den verschiedenen Staaten. Es entstand ein Reichsdeutsch.

Führend war dabei Reichspostmeister Heinrich von Stephan. Im Auftrag von Reichskanzler Otto von Bismarck ließ er bei den Neubearbeitungen der Postordnung zahlreiche Fremdwörter durch deutsche Ausdrücke ersetzen. In der Verordnung von 1874 waren es noch bescheidene 65, ein Jahr später schon über 700. Stephan wies die Postbeamten an, im dienstlichen Verkehr nur noch die Verdeutschungen zu benutzen. So wurde aus dem *Couvert* der *Briefumschlag,* aus *per express* wurde *durch Eilboten,* aus *recommandiert* das *Einschreiben,* aus dem *Passagierbillet* der *Fahrschein,* aus der *Correspondenzkarte* die *Postkarte,* aus *poste restante* *postlagernd,* aus der *Retour-Receposse* der *Rückschein* und aus dem *Telephon* der *Fernsprecher.* Stephan wurde dafür

1887 vom Allgemeinen Deutschen Sprachverein zum Ehrenmitglied ernannt.

Ähnliche Bestrebungen gab es beim Militär, hier besonders unterstützt vom Kaiser. Dort ersetzte man beispielsweise *Offiziers-Aspirant* durch *Fahnenjunker*, *Charge* durch *Dienstgrad* und *Avancement* durch *Beförderung*. Die Kommissionen, die in sehr langwieriger Arbeit seit 1871 das Bürgerliche Gesetzbuch vorbereiteten, das erst 1900 erschien, verdeutschten zahlreiche Fachbegriffe aus Recht und Verwaltung: *Zustellungsurkunde* statt *Insinuations-Dokument*, *Abschrift* statt *Kopie*, *Urschrift* statt *Original*, *Ruhegehalt* statt *Pension*.

Noch produktiver und wesentlich fanatischer agierte bei der Fremdworthatz der preußische Oberbaurat Otto Sarrazin im Bereich des Bauwesens und der Eisenbahn. In seiner Zeitschrift »Centralblatt der Bauverwaltung«, dem Sprachrohr des Ministeriums für öffentliche Arbeiten in Preußen, propagierte er unermüdlich Verdeutschungen. Auf seinen Druck hin übersetzte der entsprechende Ausschuss des Verbandes deutscher Architekten- und Ingenieursvereine 1886 und dann noch mal 1893 fast 1300 Fachtermini. Aus der *Barriere* wurde die *Schranke* und aus dem *Retourbillet* die *Rückfahrkarte*. In der ersten Auflage von Dudens Wörterbuch 1880 stehen deshalb noch *Perron* und *Coupé*, während die Wörter *Bahnsteig* und *Abteil* fehlen. Sie wurden erst 1886 von Sarrazin und seinem Ausschuss als Verdeutschungen vorgeschlagen und setzten sich dann durch.

Vor allem in der deutschsprachigen Schweiz sind viele

der in den vorangegangenen Absätzen genannten französischen Wörter bis heute im Gebrauch. Man ist naiverweise geneigt zu glauben, das habe mit der Mehrsprachigkeit des Landes zu tun. Entscheidend war aber vielmehr, dass die Eidgenossen die Berliner Verdeutschungen oft nicht übernommen haben. Auch die vielen deutschen Fußballausdrücke, die der Braunschweiger Gymnasiallehrer Konrad Koch für den Sport erfunden hat, den er 1874 nach Deutschland holte, konnten im Nachbarland nicht Fuß fassen. Schon in den süddeutschen Teilstaaten war der Drang, alles Englische aus dem neuen Volkssport auszulöschen, nicht annähernd so ausgeprägt wie im Norden, deswegen gibt es fast nur südlich der Mainlinie Vereine, die *Kickers* heißen. Und der Berner Sport Club Young Boys ist eben nur in einem Lande denkbar, das bis heute den *Goalie* und die *Offside* im Wortschatz behalten hat.

Wie überzeugend viele der genannten Verdeutschungen offenbar waren, sieht man schon daran, dass wir sie noch benutzen. Trotz staatlichen Drucks haben sich im Reich aber keineswegs alle behördlichen Verdeutschungen gleichermaßen durchgesetzt. Es gab auch Kritik an der puristischen Sprachpolitik, vor allem von Wissenschaftlern und Schriftstellern. 1889 erschien in den »Preußischen Jahrbüchern« eine von Hans Delbrück und Heinrich von Treitschke angeregte Protesterklärung gegen den Sprachverein, die von 41 führenden Gelehrten und Schriftstellern unterzeichnet worden war, darunter Theodor Fontane, Gustav Freytag und Ernst Wildenbruch sowie die Germanisten

Erich Schmidt und Gustav Roethe. Darin verwahren sich die Unterzeichner gegen »Sprachbehörden« sowie »Reichssprachämter und Reichssprachmeister«. Anlass war eine Eingabe des Allgemeinen Deutschen Sprachvereins von 1888 an den preußischen Kultusminister, in dem jener für seine Bestrebungen warb und mittels dessen er sich Einfluss auf Schulen und Lehrer zusichern lassen wollte. Die sogenannte »Erklärung der 41« dagegen blieb folgenlos. Die Fremdworthatz entsprach dem aufgeregten wilhelminischen Zeitgeist im »ruhelosen Reich«, wie es dessen großer Historiograf Michael Stürmer genannt hat.

1914 steigerte sich die Ruhelosigkeit dann endgültig zum Veitstanz, und der Allgemeine Deutsche Sprachverein zappelte ganz vorne mit. In der Septemberausgabe seiner Zeitschrift veröffentlichte der Verein einen auf Ende August, also die ersten Kriegstage, datierten Aufruf seines Vorsitzenden, der sich zu pathetischer Agitation aufschwang:

In dieser schwerernsten Zeit, da halb Europa, da Rußland, Frankreich, England uns überfallen haben, um Deutschland zu zermalmen, das Deutschtum zu vernichten, ist wie mit einem Schlage auch das Sprachgewissen des ganzen Volkes erwacht. Mit Urgewalt hat sich die Erkenntnis durchgerungen, daß die unverfälschte Muttersprache des Deutschtums festestes Band, seine vornehmste und stärkste Stütze, seine unerschütterliche Grundfeste ist! Das Volk stand auf, der Sturm brach los – der Sturm auch wider die Schänder der deutschen Edelsprache, wider das alte Erb-

übel der deutschen Fremdtümelei, wider alle würdelose
Ausländerei, wider Engländerei und Französelei.

Sarrazin war mit solch delirierender Begeisterung nicht allein. Der Historiker Hans-Ulrich Wehler schreibt in seiner »Deutschen Gesellschaftsgeschichte« über jene Zeit: »An zahlreichen Stimmen einer leidenschaftlichen Bejahung sowohl des Krieges als auch der durch ihn gewonnenen inneren Einheit fehlt es nicht.« Zu diesen Stimmen zählte zum Beispiel Max Weber, der schwärmte: »Der Krieg ist groß und wunderbar.« Werner Sombart hielt ihn für »das heiligste auf Erden«. Georg Simmel sah »die Vollendung von 1870 herannahen«. Ernst Troeltsch, Friedrich Meinecke, Friedrich Naumann und mit ihnen Hunderte von prominenten deutschen Intellektuellen stimmten diesem Tenor zu, fasst Wehler zusammen. Er räumt allerdings auch mit der jahrzehntelang gepflegten Legende auf, es habe ein berauschendes »August-Erlebnis« gegeben, das alle Bevölkerungsschichten erfasst habe: »Tatsächlich ist jedoch von den großen Sozialformationen nur das Bildungsbürgertum einer wahren Kriegseuphorie verfallen. Der in ihm weit verbreitete Kulturpessimismus erschien auf einmal wie weggeweht.«

Sarrazin und seine Sprachvereinsfreunde gehörten ebenfalls zum Bildungsbürgertum. Kriegseuphorisch verfassten sie immer drängendere Eingaben bei Regierungsstellen, agitierten öffentlich und drangsalierten und verfolgten gelegentlich auch Menschen, die sich ihren Sprachreinigungsbestrebungen nicht anschlossen oder gar widersetzten. Die lokalen Zweige des Sprachvereins erzwangen, inspiriert von der Zentrale und dem großen Vorsitzenden, Änderungen von Orts-, Straßen- und Flurnamen, bewirkten die Entfernung französischer Beschriftungen in der Öffentlichkeit und in Geschäften, die Änderungen von Speisekarten in Gaststätten und Gasthäusern (anders sollten Restaurants jetzt nicht mehr genannt werden), ja sie ließen das Französischsprechen allgemein verbieten, einschließlich der Grußformeln wie »Adieu!«.

Lehrer strichen, aufgeheizt vom Sprachverein, ihren Schülern Fremdwörter als Fehler an. Ladeninhaber, die sich widersetzten, wurden diffamiert, Klebekolonnen pflasterten ihnen Schaufenster und Schilder zu. Vereinzelt gab es sogar Gefängnisstrafen. Die militanteste und auch kompetenteste Stimme der Kampagne war der Publizist Eduard Engel, in der Vorkriegszeit Verfasser einer großartigen Stilkunde namens »Deutsche Stilkunst«, von der Stilpäpste bis heute abschreiben. Er verfasste einen Katechismus der Puristen namens »Sprich deutsch! Ein Buch zur Entwelschung« und einen Ratgeber mit dem Titel »Entwelschung. Verdeutschungsbuch für Amt, Schule, Haus und Leben«. Die »Welscherei« nannte er »Schändung der schönsten Sprache der Welt«, »geistigen Landesverrat«, »krankhafte Entartung« und »sprachliche Entvolkung Deutschlands«.

Besonders schlimm traf die große Sprachreinigung Elsass-Lothringen, das nach dem Krieg 1870/71 gegen den Willen großer Teile seiner Bevölkerung und zunächst auch trotz des Widerstands Bismarcks, der die »Professorenidee«

eines Anschlusses für gefährlich hielt, annektiert worden war. Die Neuerwerbung hatte den merkwürdigen Status eines Reichslandes und stand de facto unter preußischer Verwaltung wie eine Kolonie. Hier waren seit dem Anschluss zahlreiche Zwangsmaßnahmen gegen die französische Sprache unternommen worden, um die doch angeblich nur heim ins Reich geholte Bevölkerung zu germanisieren. Rasch wurde die deutsche Sprache in allen Bereichen des öffentlichen Lebens vorherrschend. Zwischen 1872 und 1881 wurde Deutsch als Amts- und Unterrichtssprache durchgesetzt. In der Volksschule wurde Französisch abgeschafft, in der Sekundarschule nur noch als Fremdsprache gelehrt. Aus Preußen wurden Lehrer und Beamte importiert, die weder Französisch noch den elsässischen Dialekt beherrschten. Die liebste Schikane dieser Kolonialherren war die Eindeutschung französischer Eigennamen, Schilder, Briefaufschriften und Visitenkarten.

Während des Ersten Weltkriegs erhielt Elsass-Lothringen quasi den Status eines besetzten Feindeslandes und kam unter Militärverwaltung. Es war der Offenbarungseid einer auf ganzer Linie gescheiterten Rückeindeutschungspolitik. Die Maßnahmen gegen die französische Sprache eskalierten bis zu ihrem kompletten Verbot. Erreicht hat man damit das Gegenteil dessen, was man wollte. Durch die Willkürherrschaft machte man auch diejenigen Bewohner Elsass-Lothringens, die vielleicht noch schwankend gewesen wären, endgültig zu Franzosen.

In der elsässischen Stadt Zabern hatte 1913 der junge

Leutnant Günther Freiherr von Forstner einen wegen Messerstecherei vorbestraften Rekruten ermuntert, mit dem Seitengewehr auf freche Untertanen loszugehen: »Wenn Sie dabei so einen Wackes über den Haufen stechen, so schadet es nichts. Sie bekommen von mir dann noch zehn Mark Belohnung.« Der Vorfall, die sogenannte Zabern-Affäre, führte zu Demonstrationen im Elsass und schließlich zu Protesten in etlichen Städten des Deutschen Reiches und zu einer Missbilligung Reichskanzler Bethmann Hollwegs durch den Reichstag.

Ähnlich immer feste druff wie der verhängnisvolle Leutnant auf die Elsässer wäre manches Mitglied des Allgemeinen Deutschen Sprachvereins nach Kriegsausbruch allzu gern auf die verhassten Fremdwortbenutzer losgegangen. 1914 hatte Sarrazin in seinem Aufruf verkündet:

Allerorten geht man mit Eifer, ja mit Begeisterung ans Werk, die öffentlich zur Schau getragenen fremdländischen Inschriften, Ladenschilder, Geschäftsanzeigen und -anpreisungen usf., diese traurigen Zeugen einstmaliger Erniedrigung Deutschlands zu beseitigen und durch gutes Deutsch zu ersetzen. Viel ist geschehen, aber noch lange nicht genug. Auf Wort und Schrift soll dieser Kampf gegen alles Undeutsche, der jetzt auf der ganzen Linie entbrannt ist, mit derselben nachhaltigen Ausdauer und deutschen Gewalt ausgedehnt werden. Hinweg mit der törichten Berufung auf die vermeintliche Notwendigkeit »internationaler Verständigung«, hinweg mit der öden, saft- und

blutlosen Weltbürgerei, die unsere Sprache, die das Anse-
hen Deutschlands auch im Ausländer von jeher so schwer
geschädigt, uns nur Spott eingetragen hat. Schmach über
jeden Deutschen, der fürderhin seine Muttersprache schän-
det!

Vor allem das mit der »deutschen Gewalt« nahmen manche
Leser allzu wörtlich. 1916 sah sich deshalb das preußische
Innenministerium gezwungen, in einem Erlass klarzustellen,
dass erregte Sprachpuristen gefälligst »von Zwangsmaßnahmen auf gütliche Einschränkungen« abrüsten sollten.

Während sich die nationale Hysterie und Kriegsbegeisterung bei vielen, die 1914 davon erfasst wurden, im Laufe
der Jahre wieder abkühlte, blieb der Sprachverein bis zum
Zusammenbruch 1918 bei der Fahne. Als vorbildlich knapp
und fremdwortfrei wurden die Heeresberichte angepriesen,
die Sprache der seit 1917 de facto als Militärdiktatoren herrschenden Obersten Heeresleitung von Hindenburg und
Ludendorff. Als linguistisches Kriegsziel wurde der sprach-
imperialistische Anspruch verkündet, es gehe um »die deutsche Sprache als Weltsprache, die deutsche Kultur als Welt-
kultur, für deren Sieg im Krieg gefochten wird«. Nietzsches
Albtraum von 1873 war Wirklichkeit geworden.

Nach dem Krieg erlebte der Allgemeine Deutsche
Sprachverein, der nun verhasst war wie alles, was mit dem
ideologischen Wahn des Wilhelminismus und mit Kriegs-
hetze zu tun hatte, zunächst einen Niedergang der Mitglie-
derzahlen, und auch die Zweigvereine schwanden. Sarrazin

schlug in seinen letzten Lebensjahren, er starb 1921, erstaunlich milde Töne an, begründete Fremdwortverdeutschungen nun mit dem weniger offensichtlich xenophoben Ziel der allgemeinen Verständlichkeit. Andere betrieben weiterhin völkische Sprachagitation. 1933 wurde der nur noch Deutscher Sprachverein genannte Verband gleichgeschaltet und biederte sich bei den Nazis an. Man legitimierte den Purismus nunmehr rassisch und schämte sich des ehemaligen Ehrenmitglieds Eduard Engel, der Jude war. Es half nichts. Die Nazis, Mitglieder einer Partei, die sich mit einer aus den Fremdwörtern *national* und *sozialistisch* gebildeten Zusammensetzung bezeichnete, wollten vom Purismus der Sprachvereinler nichts wissen. Diplomatisch nicht sehr geschickt war auch, dass einzelne Mitglieder des Vereins es sogar wagten, Hitler höchstpersönlich wegen der Verwendung von Fremdwörtern zu kritisieren.

Die Blamage und Marginalisierung des Vereins im Dritten Reich darf nicht darüber hinwegtäuschen, wie wirksam seine über 60 Jahre betriebene Agitation war. Der große Germanist Peter von Polenz schreibt in seiner »Deutschen Sprachgeschichte«, dass Deutschland dank Riegel, Sarrazin & Co. und der Popularität ihrer sprachreinigenden Gesinnung vor allem unter Lehrern und Beamten neben Frankreich zu den »Ländern mit der stärksten Abwehr der Internationalisierung des modernen Wortschatzes gehörte«. Stärker als Österreich und die Schweiz sei Deutschland noch bis in die Nachkriegszeit von planmäßig verdeutschten Wortbildungen geprägt gewesen.

Für die nachhaltige Durchsetzung von Verdeutschungen hat das Klima des Ersten Weltkriegs viel bewirkt. *Briefumschlag* setzte sich statistisch nachweisbar erst jetzt endgültig gegen *Couvert* durch. Der *Bahnsteig* ließ nun endgültig den *Perron* hinter sich.

Manchmal sind es auch nur die deutschen Schreibungen von Fremdwörtern gewesen, die zahlenmäßig zwischen 1914 und 1918 einen Aufschwung nahmen: So geht die Statistikkurve, die die Häufigkeit der Schreibweise *Bureau* anzeigt, von Kriegsbeginn an wie im Sturzflug nach unten, und es beginnt der Aufstieg der überhaupt erst seit Anfang des Jahrhunderts nennenswert auftretenden Form *Büro*. Auch die von der Firma Bahlsen propagierte Schreibweise *Keks* statt *Cakes* für ihre Plätzchen wurde erst in den Kriegsjahren wirklich etabliert. Ohne den Krieg würden wir vielleicht schreiben: Das geht mir auf die Cakes!

Im Westen was Neues

Auf den Schlachtfeldern von Flandern ist der mit Blut und Eisen getränkte Matsch längst wieder von ziviler Flora überwuchert, die Schützengräben sind zugeschüttet und die größten Krater egalisiert. Dennoch erkennt das geschulte Auge, wo von 1914 bis 1918 Granaten und Spaten den Boden umgewühlt haben, wo sich Soldaten tief ins Erdreich gruben und wo Giftgas, Flammenwerfer und Trommelfeuer alles oberirdische Leben auslöschten. So ähnlich entdeckt ein aufmerksamer Historiker in der deutschen Sprache zahlreiche Wörter, die aus dem Ersten Weltkrieg stammen und die wir immer noch benutzen. Häufig haben sie eine neue, übertragene Bedeutung angenommen, und wir wissen gar nichts mehr von dem grauenhaften Sinn, den sie einst hatten.

Am ehesten ist die Erinnerung noch wach bei Wörtern, die heute genauso wie gestern nach Krieg und Kampf schmecken, wie *Stahlhelm*, das 1915 aufkam, als die alten Pickelhauben nach und nach durch die Kopfbedeckungen des modernen Krieges abgelöst wurden. Auch *Flak* als Abkürzung für *Flugabwehrkanone* verstehen zumindest Kenner der Militärtechnik bis heute. Aber man muss schon Engländer sein, um bei einem anderen Kleidungsstück an die Schützengräben zu denken: Beim *Trenchcoat* fallen uns Humphrey Bogart und Kate Moss ein, nicht aber der Krieg. Dabei wurde diesem schon vorher existierenden Manteltyp der Name »Grabenmantel« im ersten Kriegsherbst 1914 verpasst, als er per Zeitungsanzeige britischen Offizieren als ideale Ergänzung ihrer Uniform angepriesen wurde.

Manch militärische Redensart der Zeit ist uns dunkel, weil wir die Technik oder die kulturelle Anspielung, die dahintersteckt, nicht mehr kennen. *Einen Zahn zulegen* bedeutet »schneller werden«, weil bei frühen Flugzeugen die Geschwindigkeit mit einem Zahnrad reguliert wurde. *Verfranzen* lässt sich als Wort für »sich verirren« darauf zurückführen, dass der für die Orientierung zuständige Navigator im Flugzeug *Franz* genannt wurde und der Pilot *Emil*. Ebenfalls aus dem Jargon der Flieger und Luftschiffer stammt die Bezeichnung *Wetterfrosch* für einen Meteorologen oder einen Offizier, der besonders wetterkundig ist. Und *Nullachtfünfzehn* war die Nummer des massenhaft im deutschen Heer verwendeten luftgekühlten Maschinengewehrs 08 in der Version des Jahres 1915. Diese ursprünglich hochmoderne Waffe war bei der Reichswehr noch bis in die dreißiger Jahre im Einsatz. Erst dann wurden die alten MGs durch neuere ersetzt und an Reservedivisionen weitergegeben. So bekam *Nullachtfünfzehn* seine Bedeutung als »Massenware, unterer Durchschnitt«.

Andere Wörter existierten schon länger, sie sind aber erst

im Ersten Weltkrieg Gemeingut geworden – so wie *Fallschirm, Zweifrontenkrieg* und *Unterseeboot.* Ganz sicher ist, dass die Kurzform *U-Boot* erst 1914 aufkam und dann auch gleich in der Form *U-boat* von den Engländern als Bezeichnung für die deutsche Variante jenes furchterregenden Schiffstyps übernommen wurde, den sie selber lieber gelehrt neolateinisch *Submarine* nannten. Ein U-Boot musste im Kampfeinsatz oft *auf Tauchstation gehen.* Wir denken heute überhaupt nicht mehr an Krieg, wenn wir diese Redensart im Sinne von »verschwinden, sich unsichtbar machen« benutzen.

Ebenfalls bloß als Metapher kursieren im heutigen Sprachgebrauch die *Grabenkämpfe.* Für die Beschreibung von Auseinandersetzungen verschiedener Flügel von Parteien oder ähnlichen Organisationen verwendet man das Wort eigentlich immer im Plural, was deutlich die Herkunft aus den Verlautbarungen der Obersten Heeresleitung von 1914 bis 1918 zeigt, denn diese sprachen natürlich nie von einem einzelnen *Grabenkampf* irgendwo an der Westfront. Ähnlich gebraucht man *Trommelfeuer* heute vor allem für einen Überfluss an Werbung oder Information. Und wenn in einer Werbekampagne besonders viel Geld und Papier und Gimmicks eingesetzt werden, dann spricht man oft von einer *Materialschlacht.* Alle drei Wörter hatten damals natürlich eine ganz konkrete tödliche Bedeutung.

Wer Grabenkämpfe gewinnen will, streut oft *Latrinenparolen*, also Gerüchte mit geringem Wahrheitsgehalt. Auch dieses Wort ist im Ersten Weltkrieg entstanden, Ernst Jünger und Erich Maria Remarque beschreiben in ihren Büchern, wie man auf den offenen Feldtoiletten, wo Unter- und Oberfeldwebel notgedrungen nebeneinandersaßen, Halbwahrheiten und Tratsch austauschte.

Bevor die Grabenkämpfe ausbrechen, herrscht *Burgfrieden* – so nennt man bekanntlich einen aus Vernunftgründen eingegangenen Waffenstillstand zwischen politischen Gegnern. Das Wort begann seine Kreise zu ziehen, als die SPD 1914 ihre Agitation gegen die Konservativen einstellte und der Kaiser verkündete, er kenne jetzt keine Parteien mehr, sondern nur noch Deutsche. Am Ende des Krieges war es dann bekanntlich vorbei mit dem Burgfrieden, und so kam kurz nach dem Friedensschluss die *Dolchstoßlegende* auf, der zufolge das deutsche Heer »im Felde unbesiegt« gewesen und durch Sozialdemokraten und Revolutionäre in der Heimat gewissermaßen von hinten erdolcht worden sei. Dem Wort *Dolchstoßlegende* begegnet man auch in unserer Gegenwart, wenn jemand andeuten möchte, dass beispielsweise ein Politiker oder Manager mit einer Geschichte über feindliche Wühler in den eigenen Reihen von seinem Versagen ablenken wolle. Ebenfalls kurz nach 1918 hörte und las man erstmals von *Kriegsgewinnlern*, womit Schwarzhändler, Spekulanten oder Kollaborateure gemeint waren, die von der Niederlage profitierten.

Neue Verben sind in der Geschichte der Wortbildung immer seltener als neue Substantive. Mindestens zwei weitere hat der Weltkrieg uns außer *verfranzen* dennoch beschert: Das *Wummern*, das man oft in mittelmäßigen Rockkritiken liest, wenn der Bass mal wieder *wummert*, wurde von Soldaten erfunden, um das Geräusch fernen ununterbrochenen Geschützdonners zu beschreiben. Und *robben* als Bezeichnung für eine Fortbewegungsart stammt ebenfalls aus dieser Zeit, denn das Kriechen auf dem Bauch war im Stellungskrieg unumgänglich, wenn es darum ging, unter Stacheldraht hindurch zu einer feindlichen Stellung zu gelangen.

Wer so etwas häufiger als einmal überlebte, der wurde von den jüngeren Kameraden, die als Kanonenfutter nachrückten, ehrfurchtsvoll *Frontschwein* genannt. Der neidisch betrachtete Sehnsuchtsort solcher erfahrenen Soldaten war die *Etappe*, jener Bereich hinter der Front, von dem aus in sicherer Entfernung die Kommandos gegeben und die Lebensmittelversorgung organisiert wurden. Vor dem eigenen Schützengraben lag das *Vorfeld*, also jener Bereich, den man gezielt beschießen konnte. Und irgendwo zwischen den eigenen und den feindlichen Stellungen erstreckte sich das *Niemandsland.* Wenn über dieses Gelände hinweg die Geschosse und Granatsplitter so dicht flogen, dass der Sauerstoff nahezu vom Metall verdrängt wurde, dann herrschte *dicke Luft.*

Am weitesten von ihrer ursprünglich blutig-bedrohlichen Bedeutung entfernt ist heute die *Tretmine.* Wir bezeichnen damit nur noch den Hundehaufen auf dem Gehweg, während sich für jenen heimtückischen Sprengkörper, der explodiert, wenn jemand auf ihn tritt, neuerdings die Bezeichnung *Landmine* durchgesetzt hat – vielleicht unter dem Einfluss der englischen *land mine.* Zwar kam das Wort

Tretmine auch schon vor 1914 vereinzelt in Artikeln von Spezialisten vor, beispielsweise sollen die aufständischen Boxer in China derartige Sprengfallen gegen westliche Truppen eingesetzt haben. Doch erst im Weltkrieg gelangten solche Minen aus industrieller Produktion massenhaft zum Einsatz. Von 1915 an liest man den Ausdruck *Tretmine* häufiger in der Presse, und er wird dort nun auch nicht mehr – wie bei den frühen Belegen – extra erklärt. Wer die Berichte über abgerissene Beine in den Zeitungen von damals liest, mag sich vornehmen, künftig ein bisschen weniger dramatisch über die Hinterlassenschaften von Hunden zu klagen.

Die Alpenfestung des Dialekts
in der Schweiz

Bis zum Westfälischen Frieden, der 1648 den Dreißigjährigen Krieg beendete, gehörte die Schweiz zu Deutschland. Die Urkantone sind alle deutschsprachig, die französisch- und italienischsprachigen kamen erst später dazu. Von den 26 Kantonen sind heute 17 ganz und vier teilweise deutschsprachig. Auch in der Bundesstadt Bern ist Deutsch die einzige offizielle Amtssprache.

Noch die großen Schweizer Schriftsteller des 18. und 19. Jahrhunderts fühlten sich ganz selbstverständlich dem deutschen Kulturraum zugehörig: Jacob Burckhardt, Conrad Ferdinand Meyer, Gottfried Keller. Meyers Leitsterne waren Bismarck und Schiller, seine historischen Novellen wurden meist zuerst in der Berliner »Deutschen Rundschau« gedruckt, einer von Julius Rodenberg gegründeten Zeitschrift für das nationalliberale deutsche Bürgertum, das Meyers Gestalten als deutsche Helden wahrnahm. Burckhardt sorgte sich 1871 darum, wie militärischer Sieg und nationaler Taumel die deutsche Kulturnation verändern würden. Keller erlebte prägende Jahre in Berlin, das er mit dessen preußischer Nüchternheit als »Korrektionsanstalt«

für sein Bummelantentum empfand und in dem er seinen Roman »Der grüne Heinrich« und den ersten Teil des Novellenzyklus »Die Leute von Seldwyla« schrieb. »Der grüne Heinrich« wurde dann zuerst in Braunschweig gedruckt, und wenn von diesem Buch aus das Wort *Putsch* seinen Weg in die hochdeutsche Sprache fand, wo es fortan einen Aufstand bezeichnete, dann ebendeshalb, weil man im Reich das Werk und seine Sprache nicht als dialektal und provinziell empfand, sondern als ein Stück Weltliteratur in der deutschen Klassikersprache. Als Keller, längst wieder in Zürich, seinen siebzigsten Geburtstag feierte, erreichte ihn aus Berlin eine Glückwunschadresse mit mehreren hundert Namen, darunter Helmuth Graf von Moltke, Heinrich von Treitschke, Herman Grimm und Theodor Fontane.

Die Schriftsprache war das Bindeglied zwischen Deutschland und der Schweiz, so wie sie bis 1871 das Bindeglied zwischen den vielen deutschen Teilstaaten gewesen war. Aber es gab einen entscheidenden Unterschied: Während in Deutschland spätestens seit dem 18. Jahrhundert die Dialekte nicht nur aus der Schriftsprache, sondern auch aus der Umgangssprache der gebildeten städtischen Schichten nach und nach verdrängt wurden, verwendete das Schweizer Bürgertum die Mundart in der Alltagskommunikation weiter. Unvorstellbar war in der Schweiz eine sprachliche Situation, wie sie Thomas Mann in den »Buddenbrooks« schildert, wo die Angehörigen der Lübecker Kaufmannsfamilie untereinander ein gepflegtes, von französischen und englischen Modeausdrücken durchsetztes Hochdeutsch reden, aber ins

Niederdeutsche wechseln, wenn sie mit den Speicherarbeitern und anderen Angehörigen des gemeinen Volks »schnacken«. Der Schweizer Literaturwissenschaftler Walter Haas schreibt: »Nur in ihrer sozusagen ›praktischen‹ Funktion als überregionales Medium des Verkehrs und der Kultur wurde die Hochsprache akzeptiert, nicht aber in ihrer nationalsymbolischen Funktion. Gerade in der Weigerung, die Hochsprache als Alltagssprache zu übernehmen, bot sich dem Schweizer die Möglichkeit nationaler Abgrenzung.«

Deutsche Reisende hat dieses Festhalten an der Mundart schon im 18. Jahrhundert irritiert. Man kam in ein Land, dessen bedeutende Autoren, wie Albrecht von Haller, Johann Jakob Breitinger oder Johann Jakob Bodmer, bei allem Beharren auf Schweizer Eigenständigkeiten als Vertreter einer zum überregionalen Ausgleich drängenden gesamtdeutschen Literatursprache wahrgenommen wurden, und stellte dann fest, dass man selbst diese intellektuellen Schweizer im Alltag kaum verstand. Der Germanist Heinrich Löffler berichtet von »schockartigen Erlebnissen«, die deutsche Besucher und Reisende hatten, wenn sie in der Schweiz ihre Brieffreunde nicht verstanden. Sogar der international geschätzte Aufklärungspädagoge und Schriftsteller Johann Heinrich Pestalozzi, der als einziger Schweizer zum Ehrenbürger des revolutionären Frankreichs ernannt wurde, irritierte Besucher seiner Institute in Burgdorf und Yverdon dadurch, dass er mundartlich redete. Walter Haas zitiert einen anonymen Besucher aus Deutschland, der 1795 notierte: »Was soll man von der Geisteskultur eines Volkes halten, das seine Sprache in einem so vernachlässigten Zustand lässt? Ein kleines Völklein, das die deutsche Sprache als seine Muttersprache anerkennt und doch, in einem so aufgeklärten Zeitalter, mit Leib und Seele an einem so abscheulichen, ekelhaften Barbarismus kleben kann: fürwahr! ein solches Völklein ist für den Philosophen eine sonderbare, rätselhafte Erscheinung.«

Ein paar Jahrzehnte nachdem diese von Entsetzen zeugende Reisenotiz verfasst wurde, sah es plötzlich aus, als könnten sich die Schweizer möglicherweise doch vom genannten »Barbarismus« verabschieden. Das 19. Jahrhundert wähnte den Dialekt auf dem Rückzug und manche fürchteten, manche hofften, er werde zumindest bei den Gebildeten auch in der Schweiz verschwinden.

In den 1830er Jahren war in den meisten Kantonen die allgemeine Volksschule eingeführt worden, in der den Kindern das Lesen und Schreiben auf schriftsprachlicher Grundlage beigebracht wurde. Zunächst sprach man in der Grundschule die gelesenen Wörter aber noch mundartlich aus, ohne korrigiert zu werden – aus dem gedruckten *Haus* wurde ein gesprochenes *Huus*. Erst in der höheren Schule wurden die Jugendlichen dann auf eine schriftnahe Aussprache gedrillt. Allerdings gab es in den dreißiger Jahren ebenfalls landesweit reformpädagogische Bestrebungen, eine der Hochsprache angenäherte Lesesprache bereits in der Volksschule einzuführen. In Zürich war das schon spätestens um 1810 geschehen, nicht unbedingt zur Freude der Schüler und ihrer Eltern, wie der Schweizer Mundartdichter Jakob Stutz sich in seinen Memoiren »Sieben mal sieben Jahre aus meinem Leben« erinnert: »Ferner war Klage und Jammer, wie die Kinder ganz anders lesen müssen als früher, man wisse nicht, reden sie Thurgauerisch oder Türkisch, statt *syn* müssen's lesen *sain*, statt *läbe leben*, *Gnade* statt *Gnode*, *Amen* statt *Omen*.« Erst in den 1870er Jahren war diese unerhörte und unbeliebte Neuerung überall durchgesetzt.

Im öffentlichen Leben, in den Zeitungen, der Literatur und den Kirchen wurde im 19. Jahrhundert allgemein die Hochsprache benutzt. Beispielhaft dafür ist ein Brief des Basler Pfarrers Johannes Lindner. Der Mann, der auch Lehrer und ein bedeutender Schulreformer war, hatte 1830 Goethe in Deutschland besucht, und in dessen Deutsch sah er die Zukunft auch für die Schweiz. 1844 schrieb er: »Ein Dialekt, der so zurückgekommen ist, dass seine religiösen Urkunden und seine bürgerlichen Gesetze in demselben längst nicht mehr vorhanden sind (...), ein Dialekt, in dem man nie predigt und selten öffentliche Reden hält, kann in seiner Verarmung dem Volke wenig allgemeinen Nutzen verschaffen. Wie würde ein kriegerisches Volk sich lächerlich machen, das heutzutage noch Schild, Bogen und Pfeil beibehalten wollte, um sich durch eine nationale Bewaffnung von anderen Völkern zu unterscheiden.«

Walter Haas beschreibt, wie die rasche Industrialisierung und verkehrstechnische Erschließung der Schweiz seit der Einführung einer landesweit einheitlichen Währung 1848 und dem Fall der Zollschranken zwischen den Kantonen 1850 den Untergang der Mundart scheinbar zwangsläufig

zu befördern schienen: »Hatten um 1850 noch 1000 Schweizer in Fabrikwebereien gearbeitet, so waren es 1866 bereits
12 000, und es war der Bauernstand, Hüter der Traditionen,
der die allermeisten dieser Arbeitskräfte abzugeben hatte.
1853 umfaßte das gesamte schweizerische Eisenbahnnetz
26 Kilometer – sieben Jahre später waren es 1053 Kilometer!
1863 führte Thomas Cook die erste Reisegruppe durch unser
Land und eröffnete damit das Zeitalter des Massentourismus. Die Weberei rief der Maschinenindustrie, der kostspielige Bahnbau den Großbanken; die Industrialisierung
führte zu internen Völkerwanderungen und zur Umstrukturierung der Landwirtschaft; Import und Export ersetzten
die frühere Autarkie; Touristen und ausländische Kaderleute überschwemmten das unterentwickelte Land. (…) All
dies war wie ein Sturzbach über die Erwachsenengeneration
der sechziger Jahre gekommen. Aus der miterlebten Umwälzung konnte diese Generation vernünftigerweise nur
auf den baldigen Untergang aller ›Eigentümlichkeiten der
Völkerschaften‹ und damit natürlich auch der Mundarten
schließen.«

Die zitierten »Eigentümlichkeiten der Völkerschaften«
sind eine Anspielung auf einen berühmten Vortrag, den der
Bibliothekar Friedrich Staub 1862 gehalten hatte und der mit
den elegischen Worten begann:

Es ist eine ebenso unläugbare als wehmüthig stimmende
Thatsache, über welche wohl schon Jeder von uns sich
Gedanken zu machen Veranlassung hatte, daß unsere na-

tionalen Eigenthümlichkeiten, auf die wir uns so gerne und mit Recht etwas zu Gute thaten, eine nach der andern abbröckeln und dem gleichmachenden und verschleifenden Zuge der Zeit anheimfallen. Unendlich rascher und verderblicher, aber ebenso unwiderbringlich wie am Stein unserer Gebirge nagt ihr Zahn an unserem idealen Eigen. Dahin schwinden heimische Sitten und mit ihnen heimischer Sinn, die alten Bräuche und mit ihnen althergebrachter Glaube (…) Aber auf keinem Boden schleicht das Verderbnis so heimlich und darum so sicher, wie auf dem unserer Mundarten. Besinne sich nur Jeder wie er selber noch in seiner Jugend gesprochen und hört vollends das Großkind auf die Ausdrücke und die Aussprache des Ähnis und der Ahne, der Städter auf den Landmann, der Thalbewohner auf den vom Berge, so fragen wir uns: Wo soll das hinaus? (…) Kann und darf bei uns wie in Fürstenland die Zeit kommen, wo die Rede Bürger von Bürger scheidet? Dann werden wir uns wohl nicht mehr besingen als ein »einig Volk von Brüdern«, dann wird die Republik im besten Falle noch als ein hohler Klang bestehen.

Mit dem Wort »Fürstenland« machte Staub klar, von wem er sich abgrenzen wollte: von den Monarchien im Norden und im Osten – Deutschland und Österreich. Offenbar hatte er im Eifer des Rederauschs vergessen, dass es kein Schweizer war, der die Schweizer als »einig Volk von Brüdern« besungen hatte, sondern der Deutsche Friedrich Schiller in seinem »Wilhelm Tell«. Egal. Ihm war es zutiefst unbehaglich, in einer Zeit zu leben, »wo Alles hastig auf Schienen rollt, wo, was der [liebe] Gott durch Berg und Thal getrennt hatte, von Menschenwitz zusammengewürfelt wird«. Staubs Vortrag war deshalb ein »Aufruf zur Sammlung eines Schweizerdeutschen Wörterbuchs«, welches das scheinbar Verschwindende bewahren sollte.

Der Gebrauch des Dialekts nahm damals nicht nur gefühlt ab, sondern tatsächlich. Die Standardsprache bedrängte ihn immer mehr. Es musste nicht unbedingt die deutsche Standardsprache sein. In der Großbourgeoisie auch der Deutschschweiz war die Alltagssprache oft Französisch.

In der zweiten Hälfte des 19. Jahrhunderts gab es obendrein eine starke Einwanderung aus Deutschland. Das Reich exportierte seinen Bevölkerungsüberschuss nicht nur nach Amerika, sondern auch in die Schweiz – in geringerem Maße zwar, aber ausreichend, um das kleine Land und seine Sprachlandschaft zu verändern. In vielen Städten, vor allem der Ostschweiz, waren 20 Prozent der Einwohner Deutsche. Die Auswanderer waren nicht nur solche hochspezialisierten Intellektuellen wie der junge Friedrich Nietzsche, der 1869, direkt nach Abschluss seines Studiums und mit 24 Jahren Professor für klassische Philologie in Basel wurde. Gerade in den Städten sprach auch das Personal in Gasthäusern und Läden Hochdeutsch. Ein Landmann, der aus einem der Täler, in dem sich die vielen Schweizer Dialekte entwickelt hatten, nach Bern, Basel oder Zürich kam, muss sich dort sehr fremd gefühlt haben.

Wie eng die sprachliche Fixierung auf Deutschland damals noch war, zeigt sich auch darin, dass die Schweiz die von Konrad Duden für sein 1880 erschienenes Wörterbuch entwickelte Rechtschreibnorm (die wiederum zu großen Teilen auf der preußischen Schulorthographie beruhte) schon 1892 importierte. Österreich übernahm die Rechtschreibung erst 1901.

Zu guter Letzt wurde auch das *Sie* als Anredeform aus Deutschland mitgebracht. Walter Heuer, der langjährige Chefkorrektor der »Neuen Zürcher Zeitung«, der in der Schweiz eine nationale Instanz in Fragen sprachlicher Korrektheit war, hat noch in den späten 1960er Jahren beobachtet, dass unter Menschen, die nicht per Du sind, in der westlichen Schweiz, genauer in den Kantonen Bern, Solothurn, Freiburg und in der Region Oberwallis, die *Ihr-Euch-Euer*-Anrede das Feld beherrschte, allerdings wäre das *Sie* auf dem Vormarsch: »Das ist aber eigentlich schade, da dadurch ein Stück bodenständiger sprachlicher Identität verloren geht. Denn das Siezen ist ja auch in der Ostschweiz keineswegs altverwurzelter Sprachgebrauch.« Das »Schweizerdeutsche Idiotikon« schreibt: »Noch im ersten Quartal des 19. Jahrhunderts galt in Zürich ›Ihr‹ als die höflichste Anrede, und bis gegen Mitte des 19. Jahrhunderts redeten die Kinder ihre Eltern so an.«

Das Siezen breitete sich zunächst in den besseren Kreisen aus, wo es vor allem von den aus deutschen Universitätsstädten zurückkehrenden Akademikern gefördert wurde. Einst war *Ihr* im ganzen deutschsprachigen Raum die übliche Höflichkeitsform gewesen, noch Martin Luthers Vater Hans

Luder redete seinen Sohn nicht mehr zwanglos-familiär mit *Du*, sondern respektvoll mit *Ihr* an, nachdem Martin 1505 den Magistertitel an der Universität Erfurt erworben hatte. Doch etwa ab 1700 wurde das *Ihr* allmählich als höfliche Anrede in Deutschland vom *Sie* verdrängt.

Im 19. Jahrhundert überschritt es dann die Grenze. In Zürich und der übrigen mittleren und westlichen Schweiz belächelte das gemeine Volk die aus dem Reich importierte neue Anredeform *Sie* zunächst als dumme Mode, dann ahmte es sie allgemein nach. Heuer stellte vor 50 Jahren fest: »Was der im letzten Jahrhundert herausgekommene Band des ›Idiotikons‹ noch als ›neumodisch‹ bezeichnen konnte, ist inzwischen bis in die ländlichen Kreise hinein fester Sprachgebrauch geworden.«

Wie wir gesehen haben, war die *Sie*-Invasion nur ein Nebenaspekt des allmählichen Rückgangs schweizerischer sprachlicher Eigenheiten. Der Volkskundler Thomas Hengartner registriert für die zweite Hälfte des 19. Jahrhunderts ein »relatives Minimum an Dialektgebrauch«: »Mundarten galten in grossen Teilen der Bevölkerung, besonders derjenigen, die mit der neuen Zeit in grossem Mass konfrontiert wurden, als überkommen, veraltet und zum Aussterben verurteilt.« Besonders schlimm stand es offenbar in Zürich, wie der Romanist Ernst Tappolet 1901 beobachtet hat:

Kaum gibt es noch in Zürich ein Haus mit mehreren Wohnungen, in dem nicht wenigstens eine deutschsprechende Person wäre, und wäre es nur das »Schwobemaitli«, mit dem man nicht ungern hochdeutsch verkehrt, im Gegensatz zu Basel, wo die Hausfrau stets Dialekt reden wird.

In wie vielen Familien ist Mann oder Frau deutscher Zunge! Nie wird da Dialekt gesprochen. Der Mann wird der Frau zu liebe, die Frau dem Mann zu liebe das feinere Hochdeutsch sprechen. Die Kinder hören und lernen hochdeutsch in diesen gemischten Ehen, und die Familie ist für den Dialekt verloren; wohl kommt es vor, dass die Kinder in der Schule Dialekt lernen und ihn unter sich eine Zeit lang sprechen. Sind sie aber der Schule entwachsen, so hört meist der tägliche Kontakt mit Dialektsprechenden auf und die Geschwister fallen wieder ins Hochdeutsche zurück.

Dieser Einfluss unsrer deutschen Nachbarn aus Nord und Ost nimmt bekanntlich zu und fördert natürlich den Sprachprozess im Sinne der Verhochdeutschung.

Doch auch ohne die Deutschen in der Schweiz hätte sich durch Zeitungen, Bücher und Schule die Anschauung eingelebt, das Schriftdeutsche sei die vornehmere, edlere Sprache (…). Es ist bezeichnend, mit welcher Eindringlichkeit ein zürcherischer Volksschullehrer bei Anlass der Schulsynode von 1893 seine Kollegen ermahnt, »unser Deutsch in Schule, Haus und Verein aufs beste zu pflegen«, um endlich jenem Vorwurf der Welschen die Spitze abzubrechen. Jener weitschauende Mann des Fortschritts spricht es deutlich genug aus: »Im Sterbeprozess der Mundart sollen wir die rechte Gelegenheit wahrnehmen, um ein gutes Schriftdeutsch einzutauschen.« (…)

Solchen Anschauungen und Bestrebungen wird die heimische Sprache zum Opfer fallen, ob wir wollen oder nicht.

Wenn ich z. B. in der Eisenbahn einen völlig Unbekannten anreden soll, dem ich an nichts den Deutsch-Schweizer ansehe, so bin ich in etwelcher Verlegenheit. In jedem andern Lande, Deutschland, Oesterreich, Frankreich, England, Italien, wüsste ich sofort, in welcher Sprache mit ihm reden, nur in der deutschen Schweiz nicht. Dieses zögernde Verhalten Unbekannten gegenüber veranschaulicht am besten unsere gegenwärtigen Sprachverhältnisse: wir sind in den ersten Anfängen eines Übergangsstadiums. Rede ich nämlich Dialekt und er ist ein Deutscher, so muss ich gewärtigen, als unhöflich zu gelten, und bin möglicherweise das unschuldige Opfer all jener Vorurteile, die ein guter Hannoveraner über Dialektsprechende haben kann. (…)

Vor 50 Jahren kam kein Deutschschweizer in diese Verlegenheit, es wäre ihm nie eingefallen, einen Unbekannten anders als im Dialekt anzureden. Nach 50 Jahren wird kaum je ein Schweizer mehr in eine ähnliche Verlegenheit kommen, er wird ihn ohne weiteres hochdeutsch anreden und, selbst wenn beide Schweizer sind und in der Familie und mit Freunden noch Dialekt sprechen, so werden sie hochdeutsch fortfahren, weil keiner sich etwas vergeben will, weil keiner sich der Gefahr aussetzen will, vom andern als weniger gebildet oder als zu vertraulich angesehen zu werden. Denn ist einmal das Hochdeutsche zwischen Fernerstehenden, so wird der Dialekt ein Gradmesser der Vertraulichkeit, nur im Kreise der Familie und engerer Freunde wird noch Dialekt gesprochen werden.

Die Geschäftssprache in Zürich wird in kurzer Zeit das Hochdeutsche sein; schon jetzt wird man oft in Läden von schweizerischen Angestellten hochdeutsch angesprochen. In den schweizerischen Fremdenhôtels gilt das Hochdeutsche für feiner. Man muss sich bald schämen, mit einem Kellner Dialekt zu sprechen. Es wird einem gerne von Ausländern als unpassende Vertraulichkeit ausgelegt.

Es gibt bereits gute Schweizerfamilien, in denen die Mutter mit ihren Kindern »zur Übung«, also bewusst, hochdeutsch redet. Ist der Einfluss der Mutter nachhaltig, so stirbt in der zweiten Generation schon die Mundart aus. Denn diese Kinder werden noch viel weniger mit ihren Kindern Dialekt reden.

So sehen wir denn, dass das Hochdeutsche nicht nur die Sprache der öffentlichen Versammlungen geworden ist, was allgemein zugegeben wird, sondern dass es in gewissen Fällen schon im Privatverkehr unter Schweizern gebraucht wird; so im Verkehr mit Unbekannten, im geschäftlichen Verkehr und im Verkehr zwischen sozial ungleich Gestellten. Immer mehr wird der Dialekt auf den vertraulichen Verkehr beschränkt. Will einer recht untertänig erscheinen, so wählt er gern das Hochdeutsche.

Doch Tappolet irrte. Er konnte natürlich genauso wenig wie jeder andere die große Weltkatastrophe von 1914 bis 1918 voraussehen, die auch die alltäglichen Sprachgewohnheiten der Schweizer auf den Kopf stellte. Der linguistische Bruch mit dem Deutschen Reich begann mit dem Ersten Weltkrieg, in dem die Schweiz zwar bewaffnete Neutralität wahrte, die Sympathien jedoch bei vielen eher auf französischer Seite lagen als bei den wilhelminisch-auftrumpfenden Verwandten im Norden. Viele deutsche Gastarbeiter kehrten heim ins Reich – die Zuwanderung hatte sich ohnehin schon abgeschwächt, da in Deutschland seit etwa 1890 Arbeitskräftemangel herrschte. Und jetzt empfanden die Schweizer das Bedürfnis, sich selbst und der Welt zu beweisen, dass man zum großen und großkotzigen Reich im Nordosten Distanz hielt. Das eigene Schwyzertütsch war dafür bestens geeignet. Es begann eine Renaissance des Dialekts, ohne dass dieser aber gleich die Allgegenwärtigkeit erreicht hätte, die er in der heutigen Schweiz hat. Hengartner spricht von einer ersten »Mundartwelle« und fasst zusammen: »Mundart (im Kanton Bern entsteht zu diesem Zeitpunkt eine reiche Theater- und Prosa-Mundart-Literatur) etablierte sich als Faktor zur Identitätsstiftung vorab unter der Deutschschweizer Bevölkerung – zusätzlich in Abhebung zum übrigen deutschsprachigen Raum.«

Die Entwicklung wurde auch dadurch befördert, dass das Hochdeutsche in der Schweiz seinen treuesten Verbündeten verlor: die französischsprachigen Eidgenossen. Diese hatten kein Problem damit gehabt, die Sprache Goethes und Schillers zu erlernen, um sich mit ihren deutschsprachigen Landsleuten zu verständigen. Aber sie wehrten sich gegen die Zumutung, deren Dialekte verstehen zu müssen oder sie gar aktiv zu erlernen. Der Erste Weltkrieg beförderte das Entstehen eines die Sprachgrenzen überwölbenden Schweizer Patriotismus, und im Rahmen dieses neuen Konsenses waren die Franko-Schweizer auch geneigter, den Mundartgebrauch ihrer deutschsprachigen Mitbürger zu akzeptieren – solange wenigstens Zeitungen und offizielle Texte noch auf Hochdeutsch verfasst waren. Der Schulterschluss zwischen den französischsprachigen und den Deutschschweizer Oberschichten wurde nach 1918 noch enger, als weltweit alle bürgerlichen Schichten sozialistische Umtriebe und die Sowjetisierung ihres Landes fürchteten.

Die Tendenz, die kulturelle Eigenständigkeit der Schweiz wieder stärker hervorzuheben, setzte sich im ganzen 20. Jahrhundert fort. In der Zwischenkriegszeit, als die Schweiz von aggressiven und landgierigen Nachbarn umgeben war, wurde nicht nur mit dem Bau einer Festungskette, dem Reduit, für den Aggressionsfall gerüstet, sondern es entstand Anfang der dreißiger Jahre auch eine kulturelle Bewegung, die Geistige Landesverteidigung hieß und sich speziell gegen den deutschen Faschismus richtete, in dem man zu Recht bald die größte Gefahr erkannte. Neu geschaffene Institutionen wie die Stiftung »Pro Helvetia« sollten das spezifisch Schweizerische betonen. Führende Initiatoren der Geistigen Landesverteidigung waren Sozialdemokraten, und diese priesen natürlich die direkte Volksdemokratie als etwas typisch Schweizerisches. In solch einem geistigen Umfeld wurde das Dialektsprechen endgültig zum Ausweis nationaler Gesinnung. Hengartner nennt dies die zweite Mundart-Welle.

Der Gründer des »Bundes Schwyzertütsch« Eugen Dieth schuf 1938 sogar eine neuartige Schreibung, mit der die verschiedenen Dialekte des Landes akkurater wiedergegeben werden konnten als mit der hochdeutschen Alphabetschrift. Die »Schwizer Schproch-Biwegig« um Emil Baer wollte in der Schweiz gar eine eigene alemannische Hochsprache etablieren. Dazu kam es dann doch nicht.

Ein Opfer der Geistigen Landesverteidigung wurde allerdings das Eszett. Die Erziehungsdirektion des Kantons Zürich beschloss, vom 1. Januar 1938 an in den Volksschulen das ß nicht mehr zu lehren, die anderen Kantone folgten. Nur die »Neue Zürcher Zeitung« behielt es bis 1974 bei. Der Buchstabe hatte aber schon lange vor 1938 einen schweren Stand in der Schweiz gehabt. Als das Bundesblatt der Schweizerischen Eidgenossenschaft 1873 die Umstellung von Frakturschrift auf Antiquaschrift verkündete, fehlte das lange S zunächst. Zwar wurde es bald darauf eingeführt, doch schon 1906 wieder abgeschafft. Als die Zweite Orthographische Konferenz in Berlin beschloss, dass das ß auch in Antiquaschriften zwingend sein sollte, setzte sich dieser Beschluss in der Schweiz nie durch. Die Neigung, dieser reichsdeutschen und österreichischen Buchstabenmarotte zu folgen, nahm von 1914 an noch weiter ab.

Nur der deutschen Sitte des Siezens hat der Erste Weltkrieg nicht den Garaus gemacht. Wahrscheinlich weil sie gar nicht mehr als solche identifiziert wurde.

Zurück zum Dialekt: Einen besonderen Aufschwung erlebten die Mundarten seit den sechziger Jahren, als sie von

Musikern der Alternativkultur propagiert wurden und damit endgültig den letzten Ruch des Bäuerlich-Zurückgebliebenen abschüttelten. Diese Bewegung zählt Hengartner als dritte Mundart-Welle.

Heute ist das Dialektsprechen bis in weite Bereiche der Massenmedien gängig. Die Schweizer Variante des Hochdeutschen wird von vielen Schweizern mehr oder weniger als Fremdsprache bezeichnet. 93,3 Prozent der Deutschschweizer gaben bei der Volkszählung 2000 an, im Alltag Dialekt zu sprechen. Der Experte Hans Bickel ist sicher, dass Schweizer Standarddeutsch im Alltag nur nutzen, wenn sie mit Deutschen verheiratet sind. Bei der Arbeit sprechen selbst im polyglotten, international geprägten Zürich drei Viertel der Menschen Dialekt, obwohl ja nicht nur Deutsche, sondern erst recht andere Ausländer und Schweizer aus den nicht deutschsprachigen Landesteilen Schwierigkeiten haben, den Dialekt zu verstehen. Lehrer an weiterführenden Schulen wechseln teilweise innerhalb ein und derselben Unterrichtsstunde zwischen den Varietäten: Für den eigentlichen Unterricht wird Schriftdeutsch benutzt, für die informelle Kommunikation nebenher, etwa wenn man einen Schüler Kreide holen schickt, der Dialekt. Und für die Universität berichtet Walter Haas: »Wie alle Lehrer spreche ich mit meinen Studenten während der ›Veranstaltung‹ Hochdeutsch, Mundart erst nach dem Klingelzeichen.«

Von den zahlreichen deutschen Zuwanderern wird erwartet, dass sie Dialekt zumindest verstehen. Das ist auch notwendig, denn 66,4 Prozent der Schweizer gaben bei der genannten Volkszählung an, überhaupt kein Standarddeutsch zu sprechen und zumindest aktiv nur den Dialekt zu beherrschen.

Bei aller linguistischen Distanzierung von Deutschland würde jedoch bis heute kein Schweizer leugnen, dass die zahlreichen Dialekte seines Landes Varianten der deutschen Sprache sind. Darin unterscheiden sie sich von den Luxemburgern, die ihr Letzeburgisch, obwohl es eigentlich ein moselfränkischer Dialekt ist, als eigenständige Sprache betrachten.

Ein Platz an der Sonne

Deutschland wurde im Vergleich zu anderen Ländern sehr spät Kolonialmacht und war es auch nur für kurze Zeit. Das lag daran, dass das Land erst 1871 zu einer geeinten Nation wurde, die in der Lage war, Kolonien aufrechtzuerhalten. Zwar hatte es vorher schon einzelne Versuche von Territorialfürsten und sogar Handelskompagnien gegeben, Kolonien zu gründen, aber die waren gescheitert und bald wieder in Vergessenheit geraten. Beispielhaft dafür sind das von 1683 bis 1717 existierende brandenburgische Besitztum Groß-Friedrichsburg im heutigen Ghana, das der Große Kurfürst gegründet hatte, sowie die Kolonie im heutigen Venezuela, die Kaiser Karl V. Anfang des 16. Jahrhunderts dem reichen Augsburger Welser-Clan überließ, weil dieser ihm so viel Geld geliehen hatte.

Auch nach der Reichsgründung begann nicht sogleich ein Wettlauf um Kolonien. Otto von Bismarck stand solchen Ambitionen sehr skeptisch gegenüber. Er fürchtete, dass Abenteuer in exotischen Ländern Deutschland wenig Gewinn brächten, aber die etablierten Kolonialmächte, hier vor allem England und die USA, gegen das Land aufbringen würden. 1871 sagte er: »Solange ich Reichskanzler bin, treiben wir keine Kolonialpolitik. Wir haben eine Flotte, die nicht fahren kann, und wir dürfen keine verwundbaren Punkte in fernen Erdteilen haben, die den Franzosen als Beute zufallen, sobald es losgeht.« Weniger bekannt ist sein sarkastisches Bonmot, mit dem er gleich nach der Reichsgründung aufkeimende Kolonialwahnvorstellungen kurieren wollte: »Ich will auch gar keine Kolonien. Diese Kolonialgeschichte wäre für uns genauso wie der seidene Zobelpelz in polnischen Adelsfamilien, die keine Hemden haben.«

Berühmt ist der Ausspruch, mit dem er den Afrikaforscher und Major Hermann Wissmann bremste, der 1888 in Ostafrika einen Aufstand niederschlagen sollte. Wissmann träumte vor der Abreise davon, die deutsche Einflusssphäre bis weit nach Zentralafrika auszudehnen. Bismarck sagte entschieden: »Die englische Interessensphäre geht bis zu den Quellen des Nils. Ihre Karte von Afrika ist ja sehr schön, aber meine Karte von Afrika liegt hier in Europa. Hier liegt Russland, und hier liegt Frankreich, und wir sind in der Mitte; das ist meine Karte von Afrika.«

Bei aller Skepsis vollzog Bismarck dennoch zwischen seinem Spruch von 1871 und dem Besuch Wissmanns eine Kehrtwende in der Kolonialpolitik: Im Jahr 1884 ging plötzlich alles ganz schnell. Am 24. April wies er den Konsul Lippert in Kapstadt an, die Besitzungen des Bremer Kaufmanns Adolf Lüderitz in Südwestafrika unter deutschen Schutz zu stellen, und schickte das Kanonenboot »Nautilus« nach Angra Pequena, um dort symbolisch Flagge zu zeigen. Heute gilt »Deutsch-Südwest« als die erste Kolonie des Reichs und Bismarcks Telegramm als ihr Gründungsakt. Der Kanzler prägte für diese und die rasch folgenden Neuerwerbungen eigens das Wort *Schutzgebiete*.

Über die Ursachen für Bismarcks Sinneswandel ist viel spekuliert worden. Der Historiker Hans-Ulrich Wehler vertrat vor 50 Jahren die These, Bismarck habe im Sinne eines »Sozialimperialismus« gehandelt. Mit seiner Kolonialpolitik habe er in der Wirtschaftskrise der siebziger und achtziger Jahre von innenpolitischen Problemen ablenken wollen. Andere halten den Einfluss des Hamburger Kaufmanns Adolph Woermann für entscheidend, der ein häufiger Gast in Bismarcks Gut Friedrichsruh in Aumühle bei Hamburg war. Woermann exportierte im großen Stile Schnaps, genannt »Negertod«, nach Afrika. Bismarck und seine Standeskollegen, die in der marxistischen Propaganda so berühmt-berüchtigten »ostelbischen Junker«, sollen davon profitiert haben, indem sie Kartoffeln für die Schnapsbrennereien lieferten. Kein Wunder sei es demnach, dass der Reichskanzler einwilligte, als Woermann 1884 um staatlichen Schutz für sein in Kamerun erworbenes Land bat.

In der neueren Forschung ist dagegen mittlerweile Konsens, dass die alten konservativen, agrarisch geprägten Eliten Preußens, für die Bismarck oder eine literarische Figur wie Dubslav von Stechlin in Theodor Fontanes Roman repräsentativ sind, von den neuen Männern des Kaiserreichs in das koloniale Abenteuer geradezu getrieben wurden. Das Reich war in vielerlei Hinsicht demokratischer, als wir heute glauben. Der Deutsche Kolonialverein von 1882, ein Honoratiorenclub mit Mitgliedern aus Politik, Industrie, Handel und Bankwesen, der 1887 mit der von Carl Peters gegründeten Gesellschaft für Deutsche Kolonisation zur Deutschen Kolonialgesellschaft fusionierte, betrieb Massenagitation und beeinflusste gar die Reichstagswahlen 1884, die als »Kolonialwahlen« in die Geschichte eingingen. Man kann Bismarcks Sinnesänderung vielleicht mit den Manövern von Bundeskanzlerin Angela Merkel vergleichen, die mit ihrer Energiewende unter dem Druck einer erregten öffentlichen Meinung den Ausstieg Deutschlands aus der Atomenergie betrieb, den sie vorher lange für sinnlos gehalten hatte. Oder mit der Abstimmung über die Ehe für Homosexuelle, die sie plötzlich zuließ, als sie ahnte, dass ihr dieses Thema im Wahlkampf gefährlich werden könnte. Auch Bismarck war nicht immer so eisern, dem Druck von Verbänden und einer aufgeheizten Presse standhalten zu können.

Auf Südwestafrika folgten daher rasch weitere Erwerbungen. Am 5. Juli 1884 unterzeichneten Plakkoo, der Stabträger, also Stellvertreter des Königs Mlapa III., und Reichskommissar Gustav Nachtigal einen »Schutzvertrag«, mit dem das Reich einen kleinen Küstenstreifen im heutigen Togo annektierte. Zuvor hatten einzelne Häuptlinge am 5. März ein Protektoratsgesuch an den deutschen Kaiser gerichtet. Schon seit 1857 betrieb die Bremer Kaufmannsfamilie Vietor dort Handelsniederlassungen. Nach und nach wurde die Kolonie Togo vergrößert und ins Hinterland ausgedehnt, teilweise gegen heftigen militärischen Widerstand. So besiegte am 4. Dezember 1887 eine Truppe von 100 Soldaten und 200 Trägern in der Schlacht von Adibo 7000 Dagomba-Krieger. Zwischen 1897 und 1900 fanden 25 Militärexpeditionen nach Nordtogo statt.

Doch zurück ins koloniale Schicksalsjahr 1884, wo sich der eigentlich eher skeptische Gustav Nachtigal, getrieben von Bismarck und der sich nach einem »Platz an der Sonne« sehnenden Heimat, zu einem Schutzgebiets-Shopping-rausch hinreißen ließ: Am 14. Juli bestätigte der Reichskommissar auch die Erwerbungen der Firmen C. Woermann und Jantzen & Thormälen, die kurz zuvor von den Duala in Kamerun einen Küstenstreifen gekauft hatten, und hisste die deutsche Flagge.

Anfang November 1884 wurden auch auf den Inseln Matupi und Mioko Flaggen gehisst, wodurch der ein Jahr später so genannte Bismarck-Archipel zum Schutzgebiet wurde. Ende Februar 1885 stellte Berlin Gebiete, die der Abenteurer Carl Peters mit seiner Gesellschaft für Deutsche Kolonisation in Ostafrika »erworben« hatte, unter Reichsschutz. Zu guter Letzt nahm drei Monate später Kaiser Wilhelm I. höchstselbst die Pazifik-Territorien der kurz zuvor ins Leben gerufenen Neuguinea-Kompanie unter den Schutz des Reiches – das östliche Neuguinea hieß bis 1919 Kaiser-Wilhelmsland. In gut einem Jahr entstand so das nach dem britischen und französischen drittgrößte Überseekolonialreich. 1888 beendete das Deutsche Reich auf dem mittelpazifischen Nauru einen Stammeskrieg und annektierte danach auch diese Insel.

All diese Erwerbungen waren mit ausdrücklichem Einverständnis Englands zustande gekommen. Noch 1889 pfiff Bismarck den deutschen Konsul auf Samoa zurück, der die Inselgruppe nach der Niederlage eines aus Marinesoldaten bestehenden Strafexpeditionskorps im Hinterland komplett unter deutsches Kriegsrecht gestellt hatte (»1 Offizier, 15 Mann todt, 2 Offiziere, 37 Mann verwundet, 3 Köpfe abgeschnitten« hieß es im Telegramm, das am 1. Januar aus der Südsee eintraf). Das Auswärtige Amt telegrafierte dem Konsul zurück: »Annektiren selbstverständlich ausgeschlossen, wegen Abmachungen mit England und Amerika.« Dennoch schrieb Konsul Wilhelm Knappe an Bismarck, er habe dem Rebellenanführer und Thronanwärter Matafaa vorgeschlagen: »Deutschland übernimmt die Verwaltung des Landes und dessen Vertretung nach außen«, Matafaa sei damit einverstanden, wenn Deutschland ihm eine Pension zahle. Bismarck notierte wütend am Rand des Schreibens: »Ohne England und Amerika? Zu weitgehend.« Knappe wurde vom Dienst suspendiert.

Auch die Südseegebiete sah Bismarck eben hauptsächlich als Pfänder europäischer Machtpolitik und bestenfalls als Placebos, mit denen sich innenpolitische Gärungen dämpfen ließen. Auf Ansprüche in der Santa-Lucia-Bucht im Zululand, Pondoland in Südafrika und Mahinland (im heutigen Nigeria) verzichtete er zugunsten Englands, und die westafrikanischen Territorien Kapitaï und Koba überließ er Frankreich. Den sogenannten Helgoland-Sansibar-Vertrag, der kurz nach seiner Entlassung die Einflusssphären zwischen Deutschland und England in Ostafrika abgrenzte, hatte er ebenfalls noch vorbereitet. Doch danach war das Reich unter seinem jungen, forschen Kaiser Wilhelm II. nicht mehr so zurückhaltend: 1898 kam das Gebiet Kiautschou in China als Flotten- und Handelsstützpunkt unter deutsche Herrschaft. 1900 wurde außerdem der östliche Teil Samoas tatsächlich eine deutsche Kolonie.

Beim Kriegsausbruch 1914 umfasste das deutsche Kolonialreich also sieben Kolonien in Afrika, Asien und Ozeanien: Deutsch-Togo, wo unter einer Million Einheimischen 320 Deutsche lebten. Deutsch-Südwestafrika mit 86 000 Einwohnern, darunter 12 135 Deutsche. Deutsch-Kamerun mit 1359 Deutschen bei einer Gesamtbevölkerung von 2,54 Millionen, Deutsch-Ostafrika, das etwa 7,5 Millionen Einwohner (4107 Deutsche) hatte, Deutsch-Neuguinea einschließlich des Bismarck-Archipels (530 000 Einheimische, 578 Deutsche) und Mikronesien (Karolinen, Marschall-Inseln, Palau und Marianen), wo 194 Deutsche unter 54 000 Indigenen lebten, Kiautschou (200 000 Chinesen, 4300 deutsche Zivilisten, 2632 Militärs) und schließlich Samoa (38 000 Einheimische, 294 Deutsche). Die deutsche Sprache trat dort zu den indigenen Sprachen hinzu. In manchen Gebieten konkurrierte sie auch mit älteren bereits etablierten Sprachen, die aus Europa oder Asien importiert worden waren.

Die meisten dieser deutschen Kolonien wurden schon in den ersten Kriegsmonaten von alliierten Truppen erobert: Neuguinea von den Australiern, Südwestafrika von Südafrikanern, Kiautschou von Japanern, Samoa von Neuseeländern, die anderen von Engländern. Nur in Ostafrika leistete die Schutztruppe unter Paul von Lettow-Vorbeck bis zum Kriegsende 1918 Widerstand. Während der Kampf dieser Askaris unter ihrem deutschen Führer zwischen den Kriegen und auch noch in der westdeutschen Nachkriegszeit in Filmen und Büchern verklärt wurde, ist wenig bekannt, dass es auch in Neuguinea bis 1918 einen deutschen Guerillakrieg gegen die Australier gab: Eine mehrere Dutzend Mann starke Truppe unter dem Hauptmann Hermann Detzner ergab sich dort nicht und verbarg sich bis 1918 im Dschungel.

Als am 1. Januar 1920 der Versailler Vertrag in Kraft trat, mit dem Deutschland seine Niederlage im Ersten Weltkrieg anerkannte, ging das Reich aller Kolonien verlustig. Deutsche wurden gezwungen, die ehemaligen Kolonialgebiete zu verlassen – nur in Südwestafrika durfte eine nennenswerte Siedlerpopulation bleiben. Es ist im Kontext dieses Buches natürlich reizvoll, darüber nachzudenken, wie es sich auf die Verbreitung des Deutschen ausgewirkt hätte, wenn die Kolonien mit ihren schon 1914 knapp zwölf Millionen Einwohnern mindestens bis zum Zweiten Weltkrieg oder – falls dieser nicht stattgefunden hätte – gar bis in die sechziger Jahre deutsch geblieben wären.

Diese Überlegung ist gar nicht so abwegig, wie sie zunächst klingen mag. Nach den katastrophalen Aufständen der religiösen Maji-Maji-Bewegung in Ostafrika und der Herero- und Nama-Völker in Südwestafrika leitete der Staatssekretär im Reichskolonialamt Bernhard Dernburg umfangreiche Reformen in den Kolonien ein, die den Druck auf die indigene Bevölkerung mindern und gleichzeitig die Wirtschaftlichkeit der bis dahin verlustbringenden Überseegebiete erhöhen sollten. Dernburg war ein erfolgreicher Firmensanierer aus der Privatwirtschaft, der von seinem Schreibtisch im 1907 gegründeten Reichskolonialamt aus bis zu seinem Rücktritt umfangreiche Verbesserungsmaßnahmen einleitete. Unter Dernburg und seinem ähnlich geschmeidigen Nach-Nachfolger Wilhelm Solf (zwischendurch hatte mit Friedrich von Lindequist noch einmal für zwei Jahre ein Konservativer das Amt bekleidet) wurde noch mehr Geld in den Ausbau von Eisenbahnen, Straßen, Schiffsverkehr und ab 1912 auch in die Luftfahrt investiert, was die bei der einheimischen Bevölkerung besonders verhassten Trägerdienste überflüssig machen sollte. Die Hüttensteuer wurde abgeschafft, die Enteignung von Land im Prinzip verboten, und die Prügelstrafe wurde eingeschränkt. Außerdem wurde die medizinische Versorgung verbessert und das staatliche Schulsystem ausgebaut. Figuren wie Carl Peters, der sich in Ostafrika wie ein sadistischer Diktator aufgeführt hatte, was ihm den Namen »Hänge-Peters« einbrachte, sollten unter der verbesserten und humaneren Kolonialverwaltung nicht mehr denkbar sein.

Dernburg und Solf kannten die Kolonien auch aus eigener Anschauung. Beide hatten längere Reisen nach Afrika unternommen, Solf war bis zu seiner Berufung 1911 Gouverneur von Samoa gewesen. Er gewann für seine Kolonialpolitik, die eher auf Entwicklung und Diplomatie setzte, eine Zeit lang die Unterstützung aller Reichstagsparteien, mit Ausnahme der rechten. Die Reformpolitik zeitigte rasch sichtbare Erfolge: Nach 1907 blieben größere Aufstände in den Kolonien aus und sie entwickelten sich wirtschaftlich gut.

Aber wie stand es 1914 mit der deutschen Sprache in den Kolonien? Der Anteil der Deutschen an der jeweiligen Bevölkerung war, wie wir gesehen haben, mit Ausnahme Südwestafrikas ja sehr gering. Interessant ist also, wie gut die Einheimischen die Sprache der Kolonialherren erlernt hatten.

Schon 1887 hatte das Auswärtige Amt, dem damals noch die Kolonien unterstanden, begonnen, in den Schutzgebieten staatliche Schulen einzurichten. Die Gründung der ersten »Regierungsschule« in Anecho (auch Aného, Togo) wurde 1891 nach einem Bericht im »Deutschen Kolonialblatt« sogar mit der erheblichen Summe von 1000 Reichsmark durch eine lokale Häuptlingsfamilie gefördert.

Viel länger schon gab es in allen Kolonien Missionsschulen. Oft hatten diese bereits existiert, bevor die jeweiligen Länder unter deutsche Verwaltung gestellt worden waren. Sie waren also Pioniere der Kolonisation. Ihre Schüler rekrutierten diese Schulen häufig mit Methoden, die uns heute zweifelhaft vorkommen, für die Kinder von damals aber vielleicht einen Glücksfall bedeuteten. Die Missionare der Norddeutschen Mission in Togo kauften bis 1897 Sklavenkinder frei, die durch die Verschuldung ihrer Eltern zu Haussklaven der Gläubiger geworden waren, und holten sie in ihre Internatsschulen. In Neuguinea kauften die Sacred-

Heart-Schwesternschaft und die Ordensgemeinschaft der Gesellschaft Mariä überzählige Kinder von den Eingeborenen, welche Letztere nicht mehr mit durchbringen konnten. Für Mädchen wurden noch im Jahre 1902 je vier Pfund Kopfgeld bezahlt.

Die staatlichen Schulen wurden eingerichtet, weil die Missionsschulen oft keine Bildung vermittelten, die aus Sicht der Verwaltungen nützlich gewesen wäre. Den Kolonialbeamten waren Rechnen, Schreiben sowie landwirtschaftliche und handwerkliche Kenntnisse wichtiger als der Religionsunterricht. Das war oft auch den Indigenen nicht genug, wenn diese erst einmal den Wert westlicher Bildung erkannt hatten. Noch 1911 wird aus Togo berichtet: »Im letzten Jahresbericht z. B. macht die Verwaltung Togos darauf aufmerksam, dass wohlhabendere Eingeborene ihre Kinder nach dem englischen Lagos und Kitta in die so genannten ›high schools‹ schicken, um denselben eine gründlichere Ausbildung zu gewähren, als sie bei uns gewährt wird.«

Offenbar gab es aber durchaus Unterschiede zwischen den Schulen verschiedener Missionsgesellschaften in den unterschiedlichen Teilen des Kolonialreichs. Der katholische Pater Eberhard Limbrock, der 1896 mit sechs Missionaren an die Nordwestküste von Deutsch-Neuguinea kam, wollte vor allem die wirtschaftliche Entwicklung fördern, während die Christianisierung der Eingeborenen für ihn weniger dringlich war. Er richtete Lehrwerkstätten für die Holzverarbeitung und andere Handwerke ein. Dank dieses lebensnahen Angebots kamen die Schüler freiwillig. Die

Christianisierung ergab sich dann nebenbei. 1914 hatten die Missionare immerhin 4000 Menschen bekehrt.

Auch für Afrika galt: Wenn die Angebote der Schulen praktischen Nutzen hatten, kamen die Schüler ohne Zwang. Absolventen der Elementarschulen konnten sowohl im niederen Verwaltungsdienst als auch bei den Faktoreien der Handelshäuser Arbeit finden. Weiterführende Schulen bildeten einige Schüler für den gehobenen Verwaltungsdienst und als Lehrer aus. Mädchen lernten hauswirtschaftliche Tätigkeiten in der Mädchenschule der Norddeutschen Mission. Und sowohl das Gouvernement als auch die Steyler Missionare unterhielten in Togo je eine Handwerksschule, in denen männliche Lehrlinge zu Zimmerleuten, Maschinisten, Schmieden, Waggonbauern, Druckern, Buchbindern oder Schneidern ausgebildet wurden.

Um den Mängeln der Missionsschulen abzuhelfen, gründeten die Kolonialverwaltungen nicht nur eigene Schulen, sondern sie bemühten sich auch, die religiös gelenkten Institute unter ihre Kontrolle zu bringen. In Togo wurde seit 1900 nach und nach eine Schulaufsichtsbehörde eingesetzt, die Musterlehrpläne festlegte und Schulen inspizierte. Abschlussprüfungen wurden von staatlichen Vertretern abgenommen, Subventionen an die Erfüllung der genannten Qualitätsstandards geknüpft. 1911 lernten dann immerhin in 324 Schulen 13 472 Schüler nach den Musterlehrplänen. Doch bis zum Schluss überwog die Zahl der Missionsschulen die der Regierungsschulen um ein Vielfaches.

Aus Sicht derjenigen, die sich in den Kolonien eine Ausbreitung der deutschen Sprache erhofften, war es ein Makel der Missionsschulen, dass in ihnen oft in den Eingeborenensprachen gelehrt wurde und nicht auf Deutsch. Zumindest war das in Afrika so, wo es größere Sprachgruppen gab als im sprachlich extrem zersplitterten Neuguinea. Das hatte langfristige wissenschaftliche Folgen. Vielerorts waren es Missionare, die afrikanische Sprachen oft zum ersten Mal überhaupt in Grammatiken und Wörterbüchern beschrieben. Bereits 1856, also nur neun Jahre nachdem die in Bremen ansässige Norddeutsche Mission ihre Arbeit in Togo aufgenommen hatte, veröffentlichte Bernhard Schlegel eine Grammatik der Sprache des Ewe-Volks, das an der Goldküste und in Westtogo ansässig war. Im Südpazifik führten evangelische Missionare sogar ziemlich erfolgreich überregional verständliche Ausgleichssprachen ein, mit denen sie Bekehrte unterschiedlicher Bevölkerungsgruppen erreichten, so das Jabem für Sprecher melanesischer Sprachen und das Kate für Sprecher papuanischer Sprachen.

In den Stationen der katholischen Steyler Missionare in Kaiser-Wilhelmsland wurden um 1900 dagegen noch fünf Hauptsprachen gesprochen, bevor ihr Oberhaupt Eberhard Limbrock sich für die allgemeine Einführung von Deutsch als Unterrichtssprache entschied – nachdem er zuvor auch die Kunstsprachen Volapük und Esperanto erwogen hatte. Ausschlaggebend dürfte bei der Entscheidung auch gewesen sein, dass die Kolonialverwaltung Schulen, die auf Deutsch lehrten, aus einem speziellen Fonds unterstützte, der die Verbreitung der Sprache fördern sollte.

Offenbar waren die Steyler Missionare damit durchaus erfolgreich. Schon 1906 wird der stellvertretende Gouverneur in der Ordenszeitschrift »Steyler Missionsbote« nach einem Besuch der Schule in Tumleo zitiert: »Ich war wirklich erstaunt, was im deutschen Unterricht geleistet worden ist. Man konnte irgendein Kind herausgreifen und bekam auf deutsche Fragen nahezu immer die richtige deutsche Antwort.« Ein anderer Regierungsbeamter lobt die Schule in Alexishafen: »Ich habe dem Unterricht beigewohnt; in der zweiten Stufe waren die Schüler soweit, daß sie deutsche Bücher in deutschen und lateinischen Lettern fließend lasen, mit der Geographie und Geschichte vertraut waren. Daneben wurden sie zu guten Patrioten erzogen. Fragen ›Wie heißt unser Kaiser?‹, ›Wo wohnt unser Kaiser?‹, ›Arbeitet unser Kaiser auch?‹ wurden prompt beantwortet.« Leider ist die Antwort auf die letzte Frage nicht überliefert.

Besonders erfolgreich war der Deutschunterricht der Regierungsschule auf Saipan, der Hauptinsel der Nördlichen Marianen. Der Direktor der Schule, ein Dr. Dwucet, der sich auch rühmte, als Imker Bienen auf der Insel eingeführt zu haben, fügte seinem Schuljahresbericht zwei kurze handschriftliche Texte bei, die Schüler in reinster Sütterlinschönschrift verfasst hatten. Einer stammte offenbar aus dem Naturkundeunterricht und beschreibt den Elefanten: »Der Elefant ist ein Tier. Der Elefant ist sehr groß. Der Elefant ist das größte Landtier (...). Er frißt Gras, Baumblätter und Früchte. Der Elefant lebt in Afrika und Ostindien.« Der andere ist der kurze Lebenslauf eines gewissen Joachim de Torres, der berichtet: »Ich bin der Sohn des Silvestre de Torres und Teresa de Salas. Meine Mutter ist schon gestorben. (…) Ich bin jetzt zwei Jahre in die Mittelklasse. Ich gehe schon 4 Jahre in die Schule. Am 31. März d. J. werde ich aus der Schule entlassen werden.«

Schulpflicht bestand bis 1914 in den Kolonien dennoch nirgendwo. Nur eine einzige Universität wurde eingerichtet, bezeichnenderweise im uralten Kulturland China: die Deutsch-Chinesische Hochschule in Tsingtau, aus der die heutige Quingdao-Universität hervorging. Kiautschou war ohnehin ein Sonderfall: Es wurde direkt von der Kriegsmarine verwaltet und in kürzester Zeit zur Musterkolonie ausgebaut.

In Neuguinea herrschten dagegen bis 1899 private Firmen, die vor allem Geld verdienen und nicht den Einheimischen das Licht deutscher Kultur bringen wollten. Noch 1914 lag die Schulbildung fast ausschließlich in den Händen von Missionaren. 22 000 Kinder besuchten Missionsschulen und nur 500 staatliche Institute. Aber immerhin war die Einschulungsrate mit 3,2 Prozent höher als in den meisten anderen deutschen Kolonien.

Erst in den letzten Jahren vor dem Ersten Weltkrieg entwarf Gouverneur Albert Hahl einen ambitionierten Plan zur Verbesserung und vor allem Ausweitung des Deutschunterrichts auf Neuguinea. Grund war ein in der Kolonialpresse skandalisierter Vorfall, der zeigte, wie sehr das »gefährliche« Englisch noch verbreitet war: Bei einer Versammlung im Wirtschaftsrat der Kolonie, an der 15 Deutsche und ein englischer Pflanzer teilnahmen, wurden die Unterhaltungen auf Englisch geführt. Daraufhin machte Hahl linguistisch mobil. Er wollte »Musterschulen großen Stils« in allen Regierungsstationen eröffnen. 20 000 Reichsmark wurden ihm dafür genehmigt.

Das war genauso viel Geld wie von der Reichsregierung für Schulen in Ostafrika ausgegeben wurde. Dort war das kolonialistische Bildungssystem allerdings ohnehin ineffektiver als anderswo. Nicht nur weil das ganze Land unter den Zerrüttungen des Maji-Maji-Aufstands in den Jahren 1905 bis 1907 mit seinen 100 000 bis 300 000 Toten litt, sondern auch weil Missionsschulen und staatliche Schulen eine sehr unterschiedliche Politik verfolgten: Die Missionen, die 92 Prozent aller Schüler unterrichteten, nahmen keine Zöglinge muslimischen Glaubens an, die wenigen staatlichen Schulen dagegen sehr wohl. Die Deutschen schätzten die nur vier Prozent der Bevölkerung ausmachenden Muslime sogar als besonders loyale Untertanen und beschäftigten sie bevorzugt in ihrer Verwaltung.

In Neuguinea wurde Hahls vom Kolonialamt am 23. Juni, kurz vor Kriegsausbruch, abgesegneter Entwurf einer Schulreform nicht mehr durchgeführt. Die Schulbesuchsquote war bis zuletzt im eigentlichen Deutsch-Neuguinea mit dem Bismarck-Archipel und den Salomonen mit 2,7 Prozent recht niedrig. Zum Vergleich: Auf den Marshall-Inseln lag sie bei 16,6 Prozent und auf Samoa sogar bei 29,5 Prozent – von 33 500 Einwohnern besuchten 9878 eine Schule, das Alter der Schüler lag zwischen vier und dreißig Jahren.

Man bangte vielerorts ohnehin, dass Bildung die Kolonisierten aufsässig machen könnte. Carl Meinhof, Inhaber des ersten deutschen Lehrstuhls für Afrikanistik in Hamburg, formulierte auf dem Kolonialkongress 1905 entsprechende Befürchtungen: »Sobald der Eingeborene Deutsch lesen und schreiben kann, sind ihm deutsche Gespräche und deutsche Blätter teilweise zugänglich. Das hat nun auf ihn natürlich nicht die Wirkung, daß er sich für einen Deutschen hält – diese Meinung würde ihm auch bald genommen werden – sondern er wird, soviel er kann, die so gewonnene Erkenntnis benutzen, um sein Volk über die Absichten der Deutschen und die politischen und sittlichen Zustände Deutschlands zu unterrichten.«

Andererseits gab es Menschen, die von der Idee besessen waren, die deutsche Sprache in der Welt zu verbreiten. Die Ängstlichen waren oft die Kolonisten vor Ort, die Optimistischen träumten zu Hause im Reich davon, die Sprache Goethes, Schillers und Nietzsches nach Afrika, Asien oder Ozeanien zu verpflanzen. Manchmal hegten aber auch die Deutschen in den Kolonien solche Träume. Stellvertretend für sie sei hier Emil Sembritzki zitiert, der an der Regierungsschule in Kamerun unterrichtete. Sembritzki war der Verfasser eines »Kritischen Führers durch die volkstümliche deutsche Kolonialliteratur« namens »Der Kolonial-Freund«, in dem er die immer zahlreicheren Bücher zu den Schutzgebieten auf ihren Realitätsgehalt testete. Darüber hinaus dichtete er Lieder und Poeme zur Förderung und Verherrlichung des kolonialen Gedankens. Heute, 120 Jahre später und lange nach dem Tod des letzten Afrikaners, der von einem willkürlich handelnden Kolonialisten drangsaliert wurde (zu dieser Sorte gehörte Sembritzki nicht), darf ich wohl gestehen, dass der naive Charme beispielsweise des Lieds »Ich bin ein Bub aus Kamerun« für mich etwas seltsam Berückendes hat: »Ich bin ein Bub' aus Kamerun, / der deutschen Kolonie! / Fürst Bismarck hatte viel zu tun, / bis er erworben sie. / Der Kaiser baute Schulen bald; / die Freude drob ist groß; / denn lernen will hier jung und alt / und kräftig geht's jetzt los! / Ob wir auch schwarz, wir fühlen warm: Der Kaiser ist uns gut! / Drum weihen wir ihm Herz und Arm / und unser heißes Blut! / Herr Wilhelm, Kaiser zu Berlin, / bist unserm Herzen nah! / Dein Glück mög' leuchten, wachsen, blühn! / Hurrah, Viktoria!« Dieser Sembritzki also forderte 1913, in den Kolonien die deutsche Sprache zu verbreiten – aus allgemein menschlichen, kulturellen und nationalen Gründen: »In den deutschen Kolonien die deutsche Sprache! Das Englische dringt in den britischen, das Französische in den französischen Schutzgebieten immer weiter vor, teils von selbst, teils mit Hilfe der Regierungen; da können wir nicht zurückstehen.«

In den sieben deutschen Kolonien waren etwa 1300 Sprachen in Gebrauch. Allein in den beiden südpazifischen Kolonien Deutsch-Neuguinea und Samoa wurden geschätzt 600 bis 700 austronesische und papuanische Sprachen gesprochen. In den afrikanischen Kolonien gehörten die einheimischen Idiome zur Niger-Kongo-Sprachfamilie, zur afroasiatischen Sprachfamilie und zu den Khoisansprachen.

Dazu kam Chinesisch in Kiautschou, Spanisch im Norden Neuguineas, Afrikaans in Südwestafrika und Englisch in fast allen Territorien.

Bereits seit dem 18. Jahrhundert hatten sich in vielen Gebieten auch auf dem Englischen basierende Pidgin-Sprachen entwickelt. Die Tendenz wurde paradoxerweise unter der deutschen Kolonialverwaltung vor allem im Pazifik noch verstärkt, weil man massenhaft ausländische Arbeitskräfte auf die Plantagen holte. Die vielsprachige Gemeinschaft der neu angekommenen Arbeiter und die Weißen, die ja längst nicht alle Deutsche waren, sowie die Einheimischen, die nun auch Lohnarbeit leisteten, brauchten ein Kommunikationsmittel.

Eine Zeit lang erfüllte in einigen Gebieten Neuguineas das sogenannte Bazar-Malaiische diese Funktion. Es hatte sich vor allem in den Küstengebieten und den Inseln vor Kaiser-Wilhelmsland verbreitet, bevor die Deutschen ankamen. Die Eingeborenen nutzten es im Umgang mit Händlern und Paradiesvogeljägern von den benachbarten Molukken-Inseln. Verstärkt wurde sein Einfluss noch dadurch, dass die deutschen Pflanzer Malaien und Malaiisch sprechende Chinesen als Arbeiter für ihre Plantagen rekrutierten.

Von etwa 1840 bis 1900 war Malaiisch im Gebiet um Berlinhafen (heute Aitape) und der Insel Tumloe eine wichtige Kontaktsprache. Deutsche Pflanzer erwogen sogar, es zur allgemeinen Verkehrssprache von Kaiser-Wilhelmsland zu machen, weil es auf der großen Plantage von Stephansort, die eine Zeit lang auch Verwaltungssitz der Kolonie war, als allgemeine Umgangssprache verwendet wurde.

Doch zwischen 1880 und 1900 wurde Malaiisch allmählich überall verdrängt. Allerdings nicht durch Deutsch, sondern durch Pidgin-Englisch. Dieses hatte sich zunächst ab 1840 auf dem Bismarck-Archipel entwickelt, wo der englische Einfluss schon länger vorherrschend war.

In China war das Englische auch fast unbesiegbar, zumindest außerhalb der eigentlichen Kolonie Kiautschou. Deutsche Firmen bemerkten bald, dass man bessere Geschäfte machen konnte, wenn man einen englischen Namen hatte und auf Englisch verhandelte. In der Folge stellten Chinesen, die mühselig Deutsch gelernt hatten, fest, dass ihnen das nicht unbedingt eine Anstellung bei deutschen Firmen einbrachte.

Auch in Togo ließ sich das Englische nur langsam zurückdrängen. 1903 empfing der deutsche Kolonialrat einen alarmierenden Bericht verschiedener Landeskundiger: »An der Küste der Kolonie werde überwiegend englisch gesprochen, auch die kaiserlichen Beamten bedienten sich im Verkehr mit Fremden und Eingeborenen meistens dieser Sprache. (...) In englischer Sprache würden die Geschäftsbücher geführt, in englischer Sprache und Währung Rechnungen deutscher Firmen für deutsche Bezieher ausgestellt, und auch in den Schulen der drei in Togo tätigen Missionsgesellschaften (Norddeutsche, Wesleyaner, Steyler) werde überwiegend englisch gelehrt.«

Ähnlich dominant war Englisch in Samoa. Dort fand

man sich unter der pragmatischen Ägide von Wilhelm Solf, der Gouverneur der Insel war, bevor er als Kolonialstaatssekretär nach Berlin ging, mit den gegebenen Zuständen ab. Die Bewohner der Inselgruppe konnten in englischer Sprache an die Verwaltung schreiben. Allerdings antwortete man ihnen normalerweise auf Deutsch. Englisch war auch Gerichtssprache, und in der »deutschen« Schule hatte das Englische eine bevorzugte Stellung. Auf der Insel Savai'i blieb während der ganzen deutschen Kolonialzeit der Brite Richard Williams als Amtmann und Verwaltungschef ein deutscher Beamter. Solf ließ sich von ihm, der von den Einheimischen geschätzt wurde und dem alle Deutschen vertrauten, beraten, wenn es darum ging, welchen samoanischen Führern man Macht anvertrauen könnte und welchen lieber nicht. Williams blieb im Amt, bis im August 1914 neuseeländische Truppen die Insel besetzten, trat dann zurück – und bekam von den Eroberern den Befehl, sein Amt nun in ihrer Verwaltung wieder auszuüben. Auch ein anderer deutscher Beamter britischer Nationalität, Thomas Trood, behielt seine Funktion nach dem Machtwechsel.

Das wäre in Neuguinea undenkbar gewesen. Hier fürchtete man wegen der größeren Nähe Australiens, dass der Gebrauch der englischen Sprache den Status Deutschlands in der Kolonie unterminieren könnte. Schon 1898 verbot die Kolonialverwaltung, dass Englisch als erste Fremdsprache an Schulen gelehrt wurde. Fünf Jahre später zog Gouverneur Albert Hahl jedoch ein resigniertes Fazit: »Noch weit ernster ist die Tatsache zu nehmen, dass das englische als Verkehrssprache auch unter den Europäern nicht verschwinden will. Es genügt die Anwesenheit irgendeines englisch Sprechenden, um eine Schar deutscher Männer in mehr oder weniger schlechtem Englisch die Unterhaltung führen zu lassen.«

Ab 1900 verdrängte Pidgin-Englisch dann auch im Gouvernement Deutsch-Neuguinea das Malaiische. Von den Kolonisten wurde das gefördert, indem man »unzivilisierte Kanaken« oft unter Zwang nach Rabaul, die Hauptstadt von Neupommern (heute New Brittany), einlud, ihnen in Rauchschulen den Tabakgenuss nahebrachte und sie ein reduziertes Englisch lehrte. Der Maler Emil Nolde, der 1913/14 zusammen mit seiner Frau Ada Neuguinea bereiste, hat solch eine Verschiffung »wilder Männer« beobachtet: »Der Zweck ihres erzwungenen Aufenthalts in Rabaul war, sich ganz allmählich Verständigungsmöglichkeiten anzueignen, sei es in Gebärden, in dem üblichen ›Pidgin-Englisch‹ oder in deutschen Begriffen und Worten. Wenn nach vielen Monaten dies ein wenig geschehen war, dann wurden sie wieder an ihre Plätze zurückbefördert, allerlei blinkendes Flitterzeug mitbringend. Die Heimgekehrten mussten Dolmetscherdienste leisten, wenn Agenten der Pflanzer Männer für die Arbeit in den Plantagen zu gewinnen suchten.« Nolde gibt auch ein Beispiel des Pidgin-Englischen: »›Master Grass‹ war der Name eines Pflanzers, die Eingeborenen benannten ihn so, weil er einen langen Bart hatte. ›Grass belong coconut belong me‹ – so oder so ähnlich war ihre ›Pidgin-Englisch‹-Sprache. ›Meine Kopfhaare‹ soll es heißen.« *Coconut* war das Pidgin-Wort für den englischen *head* (Kopf).

Pidgin-Englisch ist bis heute das wichtigste Kommunikationsmittel in Papua-Neuguinea: Unter dem Namen Tok Pisin existiert es als überregionale Landessprache, mit der sich die Bürger dieser extrem vielsprachigen Nation untereinander verständigen können. In manchen Gegenden hat es allerdings malaiische und deutsche Lehnwörter aufgenommen.

Über die Sprache der eigentlichen neuen Kolonialherren schreibt Stefan Engelberg, ein Sprachwissenschaftler, der der »Forschungsgruppe Koloniallinguistik« angehört: »Deutsch zu lernen, war dagegen für die Einheimischen zumindest ökonomisch meist von eingeschränktem Nutzen. Lediglich dort, wo Anstellungen in deutschsprachigen Haushalten und in der deutschen Verwaltung in Aussicht standen, spielten Deutschkenntnisse eine Rolle.«

Auch in Kamerun, das ebenso wie Neuguinea zu den sprachenreichsten Ländern der Welt gehört, spielten Pidgin-Englisch oder die aus dem Englischen entstandene Kreolsprache Krio als überregionale Ausgleichssprachen eine gewichtige Rolle, und das blieb auch nach der Ankunft der Deutschen so. Das »scheußliche Küstenenglisch« war angesichts der Tatsache, dass im Lande knapp 300 verschiedene indigene Sprachen gesprochen wurden, unerlässliches Hilfsmittel – wenn man nicht ständig mehrere Dolmetscher bei allen Geschäften und Regierungsangelegenheiten mitführen wollte. Der deutsche Schutztruppen-Leutnant Gunther Tronje von Hagen veröffentlichte noch 1908 ein »Kurzes Handbuch für Neger-Englisch an der Westküste Afrikas unter besonderer Berücksichtigung von Kamerun«. Es sollte von Neuankömmlingen auf der Überfahrt studiert werden und enthielt ein Wörterverzeichnis, Redewendungen und »Sprachübungen für Unterkunft und Verpflegung auf dem Kriegsmarsche, in einer Faktorei«.

Je länger die Deutschen aber in Kamerun waren, desto mehr empfanden die Sprachnationalisten unter ihnen die Verwendung des »Neger-Englischen« als Verkehrssprache als Schande und Bedrohung. 1913 zitierte die »Koloniale Rundschau« den stellvertretenden Gouverneur der Kolonie, Dr. Meyer: »In den Anfangsjahren war der Gebrauch dieser Bastardsprache als des einzigen Verkehrsmittels selbstverständlich, heute aber sollte ihre Ausrottung für jeden Deutschen in Kamerun eine ebenso selbstverständliche Pflicht sein.« Offenbar folgten selbst Militärs noch nicht immer dieser Pflicht: »Wenn der weiße Unteroffizier vor der Front steht und die Gewehrhaltung eines Soldaten verbessert, so sagt er: ›gun more for the right side‹.«

Andererseits sollte man die Rolle, die das Militär neben den Schulen bei der Verbreitung der deutschen Sprache spielte, nicht unterschätzen. Die Schutztruppen bestanden ja zum überwältigenden Teil aus Einheimischen. Nach dem Krieg wurde der »treue Askari«, der fest zum Reich und zum Kaiser stand, eine stehende Figur der Kolonialbelletristik und der Erinnerungsliteratur. Sogar in den fünfziger Jahren erschienen in West-Deutschland noch viele »Tatsachenromane«, die vom Kampf der Askaris an der Seite der Deutschen im Ersten Weltkrieg erzählten. Der legendäre

Fernseh-Zoologe Professor Bernhard Grzimek nannte die Wildhüter in Ostafrika in seinen Filmen ganz selbstverständlich und liebevoll »Askaris«.

Und es mag solche Treue gegeben haben, wenn sie auch oft ganz eigennützige Motive hatte – für manche Askaris ging es ums nackte Überleben und darum, nicht von den eigenen Leuten oder von Angehörigen anderer Ethnien als Verräter umgebracht zu werden. Ohne diese Motive hätten die Schutztruppen in Kamerun nicht bis 1916 und in Ostafrika nicht sogar bis 1918 kämpfen können.

Wie das alles zur Verbreitung der deutschen Sprache beitrug, berichtet die Zeitung des »Reichslandbundes«:

In dem Etat für 1910 finden wir zum ersten Male Mittel, die das Festhalten der farbigen Soldaten bei der Truppe über die bisherige Zeit von drei Verpflichtungsjahren ermöglichen sollen. Nun ist ja in der Kameruner Truppe die Kommandosprache von jeher Deutsch gewesen und auch die Erteilung von deutschem Unterricht an die farbigen Mannschaften seit 1902 eingeführt worden. (…) Mit der Verlängerung der Dienstverpflichtung ist aber auch in diesem Punkte eine ganz wesentliche Besserung zu erwarten, die sich später nicht zum wenigsten dadurch bezahlt machen wird, daß neben den positiven Leistungen eines zu Ordnung und Verdienen erzogenen Elements auch die deutsche Sprache in die Bevölkerung hineingetragen wird.

Das war, wie wir gesehen haben, vielleicht ein allzu geschönter Blick auf Kamerun und die Deutschkenntnisse bei der dortigen Schutztruppe und anderswo. 1913 hielt eine Verfügung der Kolonialverwaltung den Deutschen in Kamerun eher die Kolonie Togo als leuchtendes Beispiel vor:

Im Schutzgebiet Togo hat infolge des schon seit Jahren bestehenden Bestrebens der Europäer, mit den Eingeborenen Deutsch zu reden, Neger-Englisch überhaupt nie die Bedeutung wie in Kamerun erlangt; auch bei der Polizeitruppe wird dort seit bereits 15 Jahren grundsätzlich die deutsche Sprache angewendet. Die Bevorzugung des Neger-Englisch in Kamerun hat des weiteren zu einer üblen Begleiterscheinung geführt, nämlich zu einer Durchseuchung der deutschen Umgangssprache mit neger-englischen Ausdrücken. Es gibt viele Kameruner, die nicht zehn Wörter sprechen können, ohne einen englischen Ausdruck zu gebrauchen. (…) Aber auch in amtlichen Berichten haben die Ausdrücke des Neger-Englisch Eingang gefunden. (…) Den jetzigen Zustand zu beseitigen wird nicht leicht sein.

Eigene Motive, das Deutsche zu verbreiten, hatten die Missionsgesellschaften. Sie wollten damit die weitere Ausbreitung des Islam in Nordkamerun bekämpfen. Die Missionssprache des Islam war dort das Fulbe, die Lingua franca des Nordens. Aber auch Arabisch als Liturgiesprache des Islam wurde zusammen mit der Religion in Gegenden verbreitet, deren Alltagssprachen Fulbe oder Hausa waren. Indem sie

Deutsch lehrten, hofften die Missionare, auch den Islam aufhalten zu können.

1910 trat schließlich eine Schulordnung in Kraft, auf die sich die Missionsgesellschaften und die Kolonialverwaltung geeinigt hatten. Sie besagte Folgendes: »Nach § 2 dieses Entwurfs ist in Eingeborenenschulen als Unterrichtssprache und als Unterrichtsgegenstand neben der am Schulorte gesprochenen Eingeborenensprache keine andere lebende Sprache zugelassen als das Deutsche.«

Ein Beispiel für den Erfolg des Deutschunterrichts ist aus der Mittelschule der Hafenstadt Bonabéri an der Mündung des Wouri-Flusses überliefert. Dort hat am 13. Juni 1908 ein Schüler eine in Dula an die Wandtafel geschriebene Fabel ins Deutsche übersetzt und in schönster Sütterlinschrift aufgeschrieben. Die Fabel trägt den Titel »Undank ist der Welt Lohn«: »Der Leopard fraß das Schaf. Ein Knochen blieb ihm in dem Hals stecken. Der Leopard litt sehr, er bat jedermann ihm zu helfen, er wollte großen Lohn danach« – hier korrigierte der Lehrer *dafür* – »geben. Ein Vogel hörte so« – korrigiert zu *das* – »namens Ibis. Er kam zu ihm, er« – Korrektur: *und* – »zog diesen Knochen heraus.«

Sechs Jahre später hielt Gouverneur Dr. Seitz die Zeit für gekommen, Deutsch nun auch im Umgang der Verwaltung mit den Einheimischen strikter durchzusetzen. Per Verfügung ordnete er an:

Sämtliche weißen Beamten und Militärpersonen des Schutzgebietes haben sich im dienstlichen Verkehr mit

Eingeborenen des Schutzgebiets nach Möglichkeit der An-
wendung des Neger-Englischen zu enthalten und, soweit
nicht ein Verkehr in der Landessprache möglich ist, sich der
deutschen Sprache zu bedienen. Bei jeder sich bietenden
Gelegenheit sind, soweit der Dienst es gestattet, die farbigen
Angestellten in der Anwendung der deutschen Sprache
durch geeignete Belehrung zu fördern. Das erstrebte Ziel
der Ausschaltung des Neger-Englischen ist nicht von heute
auf morgen zu erreichen. Es wird voraussichtlich mehrere
Jahre dauern, bis die deutsche Sprache an seine Stelle ge-
treten ist. Es ist daher Ausdauer und Stetigkeit erforderlich.

Dazu kam es nicht mehr. Bevor »Ausdauer und Stetigkeit«
etwas für die deutsche Sprache bewirken konnten, ging die
Kolonie verloren. Zu diesem Zeitpunkt hatte aber schon
die »unsichtbare Hand« ganz allmählich zur Ausbreitung
rudimentärer Formen des Deutschen geführt. Seit etwa
1900 entwickelten sich in einzelnen Kolonien ganz ohne
staatliche Steuerung Pidgins auf der Basis des Deutschen,
beispielsweise das Küchendeutsch in Südwestafrika oder die
Mischsprache, mit der sich Kolonialherren und Chinesen
in Kiautschou verständigten. In der lokalen Presse der Zeit
finden sich für Letzteres immer wieder Beispiele: »Deutschland master in schipp make make bum bam fist« (als Beschreibung der Marineartillerie), »Boy kwei kwei lä lä« (Der
Boy soll schnell kommen), »Master 20 cent geben, ich kwei
kwei haula mache« (Wenn Sie mir 20 Cent geben, werde ich
die Stiefel sehr schnell sauber machen), »Ich auch viel ehr-

lich maski nich zu viel Geld verdinen. Deutsch schümpfen chinese schümpfen plennti sabbi. Fert reiten auch sabbi! Mir bitte schreiben wieviel bezahlen, wenn anfangen« (aus dem Bewerbungsschreiben eines Chinesen). Der Flieger Kapitänleutnant Plüschow, der von seinen Untergebenen als »Vogelmaster« angesprochen wird, zitiert seinen Koch, dem er – wie anderen Bediensteten – einen deutschen Namen gegeben hat: »Nach einigen Tagen kam ein neuer Chinesenkoch, Wilhelm genannt, der mir mit großen Gebärden erzählte: Du, Vogelmaster, ich gute Koch sein, ich nicht weglaufen wie die schlechte Kerl, die Molitz, ich nicht Angst haben, ich plenty gut chauchau mache.«

Im Kern war diese Umgangssprache ein Pidgin-Englisch, bei dem englische Wörter durch deutsche ersetzt wurden – in der ja nicht ganz unberechtigten Annahme der Chinesen, dass sich die beiden Sprachen so sehr nicht voneinander unterscheiden. Eine Reihe Wörter aus dem Pidgin-Englisch wurden aber beibehalten: *sabbi* für »wissen«, *chauchau* für »Essen, essen«, *plenty* für »viel«, *bei-an-bei* für »allmählich, auf die Zukunft bezogen« oder *käsch* für »Geld«. Auch ein paar chinesische Wörter wurden verwendet, wie *pau* für »Zeitung«, *kwei kwei* für »schnell« oder *kʾam kʾam* für »aufpassen«.

Ein Beispiel für einen Deutschen, der sich das Pidgin angeeignet hat, gibt die Zeitschrift »Der ostasiatische Lloyd« 1904: »Du Kuli kʾam kʾam machen, du Halungki, ich Bambu tschau tschau«, sagt da ein Europäer zu seinem chinesischen Aufseher und lässt drohend seinen Stock durch die

Luft sausen. Der Missionar Georg Maria Stenz gibt weitere Beispiele für solche Drohungen: »Du Scheiniman, wek da!«, »Du Schinos, das ngutsa, fort, ich schlag dir die Bein kaputsala.«

In Neuguinea entstanden das Ali-Pidgin, das auf der Insel Ali nördlich von Neuguinea gesprochen wurde, und das Unserdeutsch, das die Schüler einer Missionsschule in Rabaul benutzten. In den siebziger Jahren hat der deutsche Linguist Peter Mühlhäusler, der im australischen Adelaide lehrt, noch Sprachaufnahmen mit den letzten Sprechern des Ali-Pidgin gemacht, die damals alle um die 75 Jahre alt waren und Namen wie Heinrich, Otto, Kamilla und Fritz trugen. Manche von ihnen sprachen noch ein sehr verständliches Pidgin, wie Kamilla, die erzählt: »Früher war ich in Alexishafen, ich gut arbeiten, ich war noch klein, ich gehen, ich kann bleiben, dann ich große Mädchen, dann ich arbeiten, ich Hauskuk bleiben, ich gut kochen.« Andere, wie Otto, konnten immerhin noch Wörter wie *Nase*, *Mund* und *Ohren* auf Deutsch erinnern. Und schließlich gab es solche wie Fritz, die ihre Erziehung durch Missionare zumindest dadurch verrieten, dass sie im Tok Pisin mehr deutsche Wörter wie *spaisesaal*, *masin* (Nähmaschine) und *orait* (Arbeit) benutzten als andere. Doch gerade die einfachen, aber zusammenhängenden, gut verständlichen Sätze, die Kamilla 60 Jahre nach dem Ende der deutschen Kolonialherrschaft sprechen konnte, beweisen, dass der Linguist Mühlhäusler wohl recht hat, wenn er schreibt, die Pidgins seien vielfach »Wegbereiter« für europäische Standardsprachen gewesen.

An eine solche Wegbereiterfunktion glaubte auch der königlich-bayerische Hofrat Emil Schwörer, der noch 1916 eine künstliche Pidgin-Sprache entwickelte, deren Prinzipien er in seinem Buch »Kolonialdeutsch« beschrieb. Er folgte dabei einer Idee des Chemie-Nobelpreisträgers Wilhelm Ostwald. Der hatte 1915 noch im Rausch der frühen Siege angeregt, ein »Weltdeutsch« zu schaffen, das die Umgangssprache in den eroberten Gebieten werden sollte: »Ich schlage vor, für den praktischen Gebrauch zunächst in jenen Gebieten ein vereinfachtes Deutsch auf wissenschaftlicher Grundlage herzustellen. In diesem müßten alle entbehrlichen Mannigfaltigkeiten, all jener für die Ästhetik so reizvolle ›Reichtum der Sprache‹, welcher ihr Erlernen so erschwert, beseitigt werden, so daß dieses neue Verkehrsmittel, für welches ich den Namen Weltdeutsch vorschlage, von jedermann mit leichter Mühe erlernt und gebraucht werden kann.«

Ostwald sah das Anwendungsgebiet seines »Weltdeutschs« eher im Südosten Europas verortet, wo immerhin indogermanische Sprachen gesprochen wurden. Der Bayer Schwörer ging davon aus, dass man Afrikaner oder Papuas noch weniger zumuten dürfe. Er schätzte, dass 500 bis 600 Wörter für die Kommunikation genügten, wovon er etwa 150 zum »eisernen Bestand« zählte. Das Kolonialdeutsch zeichnete sich unter anderem dadurch aus, dass es nur sechs Hilfsverben *(sein, haben, wollen, können, müssen, tun)* hatte, die in Verbindung mit dem Infinitiv in zwei Zeitformen (Vergangenheit und Gegenwart) konjugiert werden sollten. Damit sollten dann einfache Sätze wie »Er tut lesen« oder »Ich wohnen tat« gebildet werden.

Hier ein Beispiel, wie sich Schwörer Dialoge zwischen Eingeborenen und Herren im Kolonialdeutsch vorstellte:

AUFSEHER (zeigt ein Kaiser-Bild): Wer ist das? Tust du nun wissen?

EIN GESPRÄCHSPARTNER (Anfänger, sehr ungeübt): Ne, ise glose Mann, abe ig wissen nit, was ise.

AUFSEHER: Du bist immer de gleiche Schafskopf! Du kannst nie etwas. (an einen anderen gewandt) Sagen ihm alles, was du tust wissen. Wer ist das?

DER ANGESPROCHENE (geübter): Das ist de große Kaiser von Deutschland. De Name von de Kaiser ist Willialm de Zweite. Er tut wohnen in sehr große feine Stadt in Deutschland, er hat viele Landen, viele Soldaten, viel Geld, aber er hat nur eine Frau, de Kaiserin. Alle Menschen müssen folgen ihm.

AUFSEHER: Sehr gut! Also ich will euch sagen, was ihr müßt wissen von unsere Kaiser. Er hat gehabt eine sehr gute und feste Regierung seit 30 Jahren. Alle Deutschen sind gewesen zufrieden. Aber er hat sehr viele böse Feinden. Die taten machen zusammen eine Plan und eine schwere Krieg gegen de Kaiser und gegen Deutschland ohne jede Ursache. Aber die Feinden von de Kaiser haben nichts können machen gegen die deutsche Offiziere und Soldaten. Sie taten verlieren viele hundert tausend Menschen und viele Waffen und Schiffen.

Wie komplex und widersprüchlich die Situation der deutschen Sprache gerade in Kaiser-Wilhelmsland war, beschreibt der Linguist Stefan Engelberg. Man war sich durchaus nicht einig in der zentralen Frage, ob Deutsch die Verkehrssprache in den Kolonien werden sollte und – falls ja – was man tun sollte, um dieses Ziel zu erreichen. In Deutschland selbst und bei vielen offiziellen Stellen betrachtete man die Einführung von Deutsch als Verkehrssprache als Sicherung gegen Begehrlichkeiten Englands und des nahegelegenen Dominions Australien. In der »Deutschen Kolonialzeitung« war 1903 zu lesen, dass die Verbreitung von Pidgin-Englisch und Englisch in Deutsch-Neuguinea von den Australiern geradezu als Einladung verstanden werden könnte: »Ist es etwa nicht bedenklich, dort das Englische bei der Nähe von Australien, wo man immer noch die Augen begehrlich auf diese deutsche Kolonie gerichtet hält, zur Verkehrssprache zu erheben? Angesichts der dort herrschenden Verhältnisse ist es erklärlich, wenn in Australien die Meinung herrscht, die schon hier und dort in der Presse zum Ausdruck gebracht worden ist, daß ein Übergang der Kolonie an England leicht sei, man brauche bloß die Flagge zu hissen, Sprache und englisches Wesen beherrschten bereits das Land.« Ähnlich sah es im selben Jahr Gouverneur Albert Hahl. Auf einer Versammlung mit Siedlern schlug er vor, die »Eingeborenensprache« als Verkehrssprache der Kolonie einzuführen, um das »Pigeon-Englisch« zurückzudrängen. »Mir sagte einst ein Herr englischer Nation, dass wir es den Engländern im Falle eines Überganges der Kolonie an England sehr leicht gemacht hätten.« Hahl selbst hatte mit einer einheimischen Tolai ein Kind und beherrschte die Sprache dieses Volkes. Als sich die Versammlung weder auf Einführung einer Eingeborenensprache (Hahl dachte dabei speziell für das Bismarck-Archipel an das »Kanakische« der Blanche-Bucht) noch auf Deutsch einigen konnte, sondern die Pflanzer die Vorteile des Simple English betonten (»In jedem Dorfe sprechen 1 oder 2 Eingeborene diese Sprache«), resignierte der Gouverneur: »Ich sehe die Aussichtslosigkeit der Sache ein und verzichte auf Abstimmung. Wir werden dahin treiben, eine australische Kolonie zu werden.«

Andere warnten davor, den durch ihre große Sprachenvielfalt gespaltenen Völkern in manchen Kolonien ein gemeinsames Kommunikationsmittel zur Verfügung zu stellen, mit dessen Hilfe sie ein gemeinsames Nationalbewusstsein schaffen und Pläne zur Rebellion schmieden könnten. Der schon zitierte Afrikaforscher Meinhof verweist auf die erschreckende »äthiopische Bewegung« im südlichen Afrika: »Die Verbreitung der englischen Sprache unter den Farbigen Südafrikas hat die revolutionäre Propaganda der äthiopischen Kirche auf das beste vorbereitet. Nun können die Zeitungen mit den neuen Ideen, die auf eine Beseitigung des weißen Mannes hinauslaufen, ungehindert zu den fremden Stämmen gelangen, und die Agenten können sich bei jedem Volk verständlich machen.«

Den Vorteil der linguistischen Zersplitterung hatten die Kolonialherren vor allem in drei Kolonien: Kamerun und Neuguinea gehören zu den sprachenreichsten Ländern der

Welt, und auch in Togo werden bis heute sehr viele indigene Sprachen benutzt. Anders war es in Ostafrika, wo sich das Suaheli als Lingua franca durchgesetzt hatte, in Kiautschou, wo man Chinesisch als alte Kultursprache anerkannte, und auch in Samoa, wo es ebenfalls eine einheitliche Landessprache gab.

Ada Nolde notiert in ihrem Neuguinea-Reisetagebuch über das Land, in dem heute noch 847 Sprachen existieren: »Wenn drei Dörfer daliegen, können die Leute von den beiden äußersten sich nicht verstehen, so viele verschiedene Sprachen gibt es. Das erschwert die Erschließung des Landes sehr, gibt aber wieder eine Sicherheit für die Europäer, denn solange die Schwarzen sich nicht verstehen können, können sie sich nicht zusammenrotten zu Aufständen.«

1910 ahnte der Missionswissenschaftler Carl Mirbt, dass Maßnahmen zur Verbreitung der deutschen Sprache »die Distanz zwischen der eingeborenen und der weißen Bevölkerung in einer nicht immer heilsamen Weise den Nimbus der Überlegenheit des Europäers beseitigen helfen«. Evangelische Missionare berichten 1904 nach Berlin, dass beim »Papua-Aufstand« »diejenigen jungen Männer, welche als Hausburschen mit Deutschen gelebt und sich ziemliche Sprachkenntnisse angeeignet hatten, als die unzuverlässigsten und schlimmsten Elemente sich gezeigt hatten; denn mit dem Verstehen der Sprache des Fremdlings schwindet auch dessen persönliche Autorität für immer dahin«.

Dem widersprach ein damals einflussreicher Intellektueller: der Professor Felix Dahn, heute noch bekannt als Verfasser des historischen Bestsellerromans »Ein Kampf um Rom« von 1876. Zum von Emil Sembritzki herausgegebenen »Kolonial-Gedicht- und Liederbuch« steuerte er 1911 ein Gedicht bei, in dem er nicht nur unfreiwillig komisch *Bananen* auf *Germanen* reimte, sondern auch vom Klang deutscher Sprache unter tropischer Sonne fantasierte: »In jedes Neulands Brache: / Wohin wir wandern, tragen wir / Mit uns die deutsche Sprache.«

Wir sehen, dass Lehrer und Dichter die Avantgarde derjenigen stellten, die die Kolonien sprachlich eindeutschen wollten. Doch auch unter ihnen gab es Skeptiker. Ihnen grauste es eher vor dem, was die Schwarzen mit der deutschen Sprache anstellen würden. Der Theologe Martin Schlunk, ein Fachmann für das Schulwesen in den Kolonien, zweifelte 1914, »ob unsere schöne deutsche Muttersprache dadurch gewinnt, daß wir sie Völkern aufzwingen, die sie doch niemals in ihrer ganzen Schönheit verstehen lernen und sie höchstens entstellen werden«.

Pragmatischer waren die Absichten, die Händler und Siedler mit der deutschen Sprache verfolgten. Einerseits war es notwendig, mit Einheimischen zu kommunizieren, und da die Europäer nicht die indigenen Sprachen lernen wollten, mussten die Einheimischen eben Deutsch lernen. Andererseits befürchtete man – wie schon beschrieben – »nach allgemein gewordener Kenntnis des Deutschen, keine Sprache mehr für die Herrenrasse zur Verfügung zu haben, in der man nicht von unbefugten Eingebornen verstanden oder belauscht werden könne«, wie der Forscher Georg

Friederici auf Expeditionen nach Neuguinea und zum Bismarck-Archipel erfahren hatte.

Kenntnis der deutschen Sprache und des damit verbundenen Herrschaftswissens konnte auch ohne die von Ada Nolde befürchteten »Aufstände« ein Widerstandsmittel sein. Das bewies der Fall des Schreiners Kofi, von dem eine an den Reichstag gerichtete Petition aus Togo im Mai 1914 berichtet. Als ein deutscher Plantagenbesitzer ihn anfuhr: »Schwarzer Affe, mach mal, dass du da wegkommst, sonst haue ich dich durch dazu«, antwortete er, durchaus im Sinne der Darwin'schen Evolutionslehre: »Auch weißer Affe sind Sie, wenn ich schwarzer Affe wäre.« Die Historikerin und Sprachwissenschaftlerin Celia Sokolowsky kommentiert süffisant, dass Kofi sich wohl mit der deutschen Sprache nicht den von der Kolonialverwaltung erhofften Untertanengeist angeeignet habe.

Eine Form zivilen Ungehorsams konnte es auch sein, wenn man die Sprachkenntnisse gebrauchte, um die Monopolstellung deutscher Händler in den Kolonien zu umgehen. In Togo nutzten viele einheimische Händler ihre in deutschen Schulen erworbene Fähigkeit, um Waren bei deutschen Versandhäusern direkt per Post zu bestellen.

Noch ernster war der Widerstand des Duala-Königs Rudolf Manga Bell in Kamerun, dem Enkel jenes King Bell, der einer der Unterzeichner des Schutzvertrags von 1884 war. Rudolf Manga Bell besuchte eine deutsche Regierungsschule und wurde für fünf Jahre als Pflegekind zur schwäbischen Familie Österle nach Aalen geschickt. 1902 kam er noch einmal nach Berlin und lernte dabei, wie die deutsche Kolonial-verwaltung funktionierte.

Seine guten Kenntnisse der Machtverhältnisse im fernen Deutschland wollte Rudolf Manga Bell ausnutzen, als er 1905 einen offenen Brief an den Reichstag formulierte. Unterschrieben hatten ihn auch König Akwa von Bonambela und 26 weitere kamerunische Oberhäupter. In dem Brief beschwerten sie sich, Gouverneur Jesko von Puttkamer beuge ständig das Recht. Er lasse Kameruner enteignen, ihre Häuser ohne Genehmigung niederreißen, zwinge sie zu Arbeit ohne Lohn, veranlasse willkürliche Verhaftungen und übermäßige Strafen und behandele die Kameruner ganz allgemein entwürdigend. Der Brief begann: »Den Herrn Gouverneur von Puttkamer, dessen Richter, Bezirksamtmänner, kurz seine ganze Regierungsbesatzung wollen wir nicht mehr hier haben.« Der Status Kameruns als deutsche Kolonie wurde aber nicht grundsätzlich in Frage gestellt. Das Schreiben endete: »Wir sind deutsch und bleiben deutsch bis an das Ende der Welt. Mit allerunterthänigstem Gruß an Seine Majestät Kaiser Wilhelm von Deutschland und Kamerun.« Die Lage in Kamerun verbesserte sich dann tatsächlich im Zuge der allgemeinen Reformen, die Staatssekretär Dernburg eingeleitet hatte.

Als einige Jahre später der Gouverneur Otto Gleim dennoch plante, die Duala von ihren Siedlungsgebieten am Kamerunfluss zu vertreiben, wurde Manga Bell wieder politisch und juristisch aktiv. Er schickte Petitionen an das deutsche Gouvernement und an den Reichstag, warb Missionare als

Verbündete und nahm Kontakt zur deutschen Opposition auf. Schließlich ließ er sogar einen Berliner Anwalt rechtlich gegen die Maßnahmen vorgehen. Kurz nach Ausbruch des Ersten Weltkriegs, genauer am 8. August 1914, wurde Manga Bell jedoch wegen eines nie bewiesenen »Hilfegesuchs« an Frankreich und England als Hochverräter hingerichtet. Es war ein schändlicher Justizmord.

Im Konflikt dieser widersprüchlichen Einstellung zum Erwerb des Deutschen unter den Kolonialherren konnten die Indigenen oft einfach nur falsch handeln, ganz egal, was sie taten. Georg Friederici zitiert einen Siedler im Südpazifik mit der Drohung: »Jeder Junge, der in meinem Hause Deutsch spricht, erhält eine Maulschelle. Das wäre ja noch schöner wie schön, wenn jedes unbedachte Wort durch die Kanaker von einem Platz zum andern getragen würde!« In Kamerun dagegen konnte das Personal Backpfeifen aus den verschiedensten Gründen verabreicht bekommen, wie Emil Sembritzki bezeugt: »Ich habe oft gesehen, wie schwarze Diener von ihren Herren geohrfeigt wurden, weil sie deutsche oder englische Befehle nicht sogleich richtig ausführten.«

Für Ohrfeigen der zweiten Kategorie gab es zumindest in Kiautschou kurz vor Beginn des Ersten Weltkriegs immer seltener Anlass. Schon im Mai 1898 war eine Übersetzerschule eingerichtet worden, deren Schüler allerdings nur sehr elementares Deutsch lernten, meist auf dem Niveau des beschriebenen Pidgins. 1913 gab es immerhin 20 Volksschulen für Chinesen – staatliche und Missionsschulen –

für 1050 Schüler. Mindestens 800 davon lernten formell Deutsch. Die katholische Mission betrieb auch ein Lehrerseminar mit 43 weiblichen und neun männlichen Studenten. Hinzu kam die 1909 eröffnete, bereits erwähnte Hochschule, in der alle Fächer auf Deutsch unterrichtet wurden. Die »Deutsche Kolonialzeitung« konnte sich über die Zurückdrängung des Englischen freuen: »In Kiautschou ist für den Deutschunterricht der Chinesen in den letzten Jahren viel geschehen.« Um die deutsche Umgangssprache dort scheine es nicht schlecht bestellt zu sein.

Wie hätte sich also die Sprache entwickelt, wenn es nicht zum Ersten Weltkrieg gekommen wäre und die Kolonien möglicherweise noch Jahrzehnte beim Deutschen Reich geblieben wären? Vermutlich gelingt der Wissenschaftlerin Celia Sokolowsky, die den Deutschunterricht in Togo erforscht hat, mit ihrer Einschätzung der Gegenwart des frühen 20. Jahrhunderts auch eine ganz gute Voraussage für eine potenzielle Zukunft – wenn es sich lohnte, lernten die Kolonisierten Deutsch: »Das Unterrichtsangebot der europäischen Missionsgesellschaften und der Kolonialregierung wurde von der afrikanischen Bevölkerung überall dort angenommen, wo die durch die Schule erworbenen Qualifikationen konkret und in Bezug auf die eigene soziale Stellung vorteilhaft zu verwenden waren.« Die Zukunft der deutschen Sprache hätte demzufolge außer von den politischen Rahmenbedingungen vor allem von der wirtschaftlichen Entwicklung abgehangen. Und die war 1914 sehr gut. Die Reformen von Dernburg und Solf hatten dazu geführt, dass die Überseegebiete von finanzieller Unterstützung durch das Reich unabhängig wurden oder doch zumindest auf dem Weg dahin waren. 1914 wurden nur noch Deutsch-Neuguinea und Kiautschou und die Schutztruppen in Afrika subventioniert.

Wie man das erreichte, zeigte die »Musterkolonie« Togo: Dort war man schon 1904 so weit, dass die Verwaltung ihre Ausgaben durch die Einnahme von Steuern, Zöllen und Abgaben selbst bezahlen konnte und nicht mehr auf Zuschüsse aus dem Reich angewiesen war. Vom Aufschwung profitierten auch die Einheimischen, da es hier nur wenige von ausländischen Pflanzern unterhaltene Großplantagen gab. Die Landwirtschaft wurde weiter von einheimischen Bauern betrieben. In dem Maße, in dem diese zunehmend gewinnbringend Agrarprodukte für den Export anbauten, entwickelte sich aus dem Bauernstand eine lokale Bourgeoisie. Auch förderte die Verwaltung eine neue anpassungsfähige soziale Aufsteigerschicht, indem sie Häuptlinge einsetzte, mit deren Hilfe sie Herrschaft indirekt ausüben konnte. Diese fühlten sich Deutschland verbunden, da auch ihre Stellung vom Fortbestehen des Kolonienstatus abhing.

Das sind ähnliche Prozesse, wie sie in englischen und französischen Kolonien zum Entstehen lokaler Eliten geführt haben, die die Sprache der Kolonialmächte annahmen. Man kann sich also vorstellen, dass Deutsch in Afrika und im Pazifik eine Chance gehabt hätte. Vielleicht wäre es nicht so, dass heute überall Indigene Deutsch als Erstsprache erlernen würden, aber es wäre doch vermutlich vielerorts die

Amtssprache, mit der sich die Stämme in den linguistisch stark differenzierten Ländern Afrikas und der pazifischen Inselwelt über alle ethnischen Grenzen hinweg verständigen würden. Oder es wäre wenigstens – wie noch immer das Französische im Libanon oder einst im damaligen Indochina – die Sprache der Oberschichten und kulturellen Eliten.

Doch dazu kam es nicht, obwohl beispielsweise in Kiautschou auch nach dem Ende der Kolonialzeit Schulen und die Universität die deutsche Sprache unterrichteten. Eine kleine Gruppe von Deutschen blieb dort und hoffte bis zum Zweiten Weltkrieg, das Gebiet könnte wieder zum Reich kommen. Rudolf Semler berichtet noch 1939, wie er in Tsingtau auf der Straße von einem Deutschen angesprochen und eingeladen wird: »Abends sitzen wir mit ihm und anderen Deutschen am Lautsprecher im deutschen Gasthaus von Tsingtau. Der deutsche Kurzwellensender läßt uns ein Stück Parteitag miterleben. Es war wie daheim.« Mit dieser Gemütlichkeit war es spätestens nach der Machtübernahme von Maos Kommunisten vorbei.

Von einem anderen sehr geisterhaften Fortwirken des deutschen Spracheinflusses berichtet der Germanist David Sino von der Universität Jaunde: Njoya, der König der im Norden Kameruns ansässigen Bamun, erfand während seiner Regierungszeit zwischen 1894 und 1933 eine Geheimsprache und -schrift. Njoya war ohnehin einer der einheimischen Herrscher, der sich am geschicktesten und diplomatischsten mit der Kolonialherrschaft arrangiert hatte. 1908 überreichte er dem Gouverneur seinen reich geschmückten

Thron als Geburtstagsgeschenk für den Kaiser. Im Gegenzug bekam er eine Kürassier-Uniform der kaiserlichen Garde und ein Porträt des Kaisers in Öl, die bis heute im Palastmuseum seiner Residenzstadt Foumban ausgestellt sind.

Die Erfahrung mit der deutschen Sprache animierte Njoya dazu, die Deutschen zu imitieren. Er sprach und schrieb nicht einfach nur Deutsch, sondern schuf eine eigene Sprache mit einem eigenen Alphabet, womit er über seine Geschichte und Kultur schreiben konnte. Diese von ihm erfundene Geheimsprache beinhaltet deutsche Laute, die aber eine ganz andere Bedeutung haben. Es wurde also etwas Neues geschaffen, nicht einfach etwas Vorhandenes nachgeahmt.

Doch das ist der Stoff, aus dem man Abenteuerromane strickt, nicht dauerhafte linguistische Nachwirkung. Nur in Namibia existiert heute noch eine deutschsprachige Bevölkerungsgruppe. Entscheidend dafür war, dass Südwestafrika aufgrund seiner Größe, geringen Bevölkerungsdichte und nicht allzu großen Entfernung von Deutschland zur bevorzugten »Siedlungskolonie« des Reichs wurde, im Gegensatz zu den anderen »Ausbeutungskolonien«, wie der Germanist Ulrich Ammon es charakterisiert. Eine gewichtige Rolle spielte dabei auch, dass das trockene Klima des Landes zwar rau war, aber Tropenkrankheiten nicht in dem Maße Vorschub leistete wie in anderen Kolonien. In Togo zum Beispiel starben bis 1853 fünf der sechs Jahre zuvor angekommenen ersten deutschen Missionare.

1915 wurde Südwestafrika von Truppen des damals von

Großbritannien kontrollierten Südafrika besetzt. 1920 kam es als Mandatsgebiet des Völkerbunds an Südafrika. Zunächst wurde ein Großteil der deutschen Siedler ausgewiesen. Später holte man sie wieder zurück, um den Anteil der Europäer an der Bevölkerung zu stärken. Bekanntlich hält der Zuzug von Deutschen in dem Land, das seit der Unabhängigkeit 1990 Namibia heißt, bis heute an. Ihre Sprache und Kultur wurden nicht unterdrückt, auch nicht nach dem Zweiten Weltkrieg, obwohl es während des Kriegs ausgeprägte Sympathien für Nazi-Deutschland gegeben hatte – es gibt Bilder von einem Gau-Turnfest 1939 in Lüderitz, das in Hakenkreuzfahnen schwamm. Kurz vor dem Ende des südafrikanischen Apartheidsregimes bekam Deutsch 1983 sogar den Status einer staatlichen Amtssprache. Heute ist es neben Afrikaans und sechs Sprachen der autochthonen schwarzen Bevölkerung immerhin Nationalsprache, alleinige Amtssprache ist Englisch. Vom Aussterben ist Deutsch in Namibia nicht bedroht. Ulrich Ammon, der sich für sein mehr als 1000-seitiges Standardwerk »Die Stellung der deutschen Sprache in der Welt« bei den Nachfahren deutscher Auswanderer in vielen Weltgegenden umgeschaut hat, stellt fest: »Die Deutschnamibier bewahren generell entschiedener als manche andere deutsch(sprachig)e Minderheit Deutsch als ihre Muttersprache, bekennen sich dazu und gebrauchen es regelmäßig.« Die Angaben über die Zahl der Deutschnamibier schwanken zwischen 19 500 und 25 000.

Im Gegensatz zu anderen deutschen Auswanderergegenden in den USA oder Südamerika, kann man in Namibia in ein Geschäft gehen, das Wurst, Brot oder Spezialitäten verkauft, und damit rechnen, dass die Verkäufer tatsächlich Deutsch sprechen. Allerdings haben die Namibier im Lauf der vergangenen 130 Jahre eine eigene Form der importierten Sprache entwickelt. Die Unterschiede zur Ausgangssprache sind dabei aber nicht grammatischer Natur, sondern beschränken sich auf Lehnwörter aus dem Afrikaans und etwas weniger aus dem Englischen: *Braai* (Grillfest) und das zugehörige Verb *braaien* (grillen), *Veld* (offenes Grasland), *Ram* (Widder) oder *Rivier* (Trockenfluss). Es existieren auch noch Wörter, die in Deutschland oder Österreich längst verschwunden sind, wie das in der »Allgemeinen Zeitung«, dem Presseorgan der Deutschnamibier, vielfach belegte *Permit* (Erlaubnisschein).

Am Vorabend des Ersten Weltkriegs war Deutsch-Ostafrika auf dem Wege, ein zweites Deutsch-Südwest zu werden. Einige Gegenden haben dort ein ähnlich günstiges Klima wie Südwestafrika. Deshalb entwickelte sich das Land allmählich ebenfalls zur Siedlungskolonie. Vor allem um den Kilimandscharo und in den Usambara-Bergen siedelten sich Farmer und Pflanzer an. Die milde Höhenluft galt ihnen im Vergleich zu den südlichen Savannen und Sümpfen als erträglicher. 1913 lebten dennoch erst 882 Deutsche im heutigen Tansania.

Außerhalb des ehemaligen Deutsch-Südwestafrikas sind von der Sprache der einstigen Kolonialherren fast überall nur ein paar Lehnwörter geblieben, beispielsweise *shwain* im kamerunischen Pidgin-Englisch. In dreizehn Sprachen der linguistisch vielfältigen Inselwelt Mikronesiens hat die Germanistin Doris Stolberg Ausdrücke aus dem Deutschen nachgewiesen. Eine kleinere Zahl ist bis heute im Gebrauch. Beispiele: *kkumi* (Gummi) im Chuukesischen, *sitiraf* (Strafe) im Japesischen, *situnte* (Stunde) im Kapingamarangischen und im Nukuoro, *kapel* (Gabel) im Marshallesischen, *esel* im Nauruischen, *sike* (Ziege), *penisini* (Benzin), *tiso* (Diesel), *lita* (Liter), *fumfa* (wertlos nach Fünfer) im Samoanischen und *kaantin* (Laden, Verkaufsstand) im Woleaianischen.

Den höchsten nachgewiesenen Anteil deutscher Lehnwörter besitzt mit 108 Ausdrücken die Sprache des heutigen Inselstaats Nauru, die etwa von 10 000 Menschen gesprochen wird. Die 15 000 Sprecher des Palauischen nutzen und nutzten immerhin 55 Wörter aus dem Deutschen. Darunter sind *suester* (Nonne), *sengk* (Geldgeschenk), *krammatik* (Grammatik), *lambei* (Lampe), *slibs* (Schlips), *turm* (Kirchturm), *mesilkebiér* (Maschinengewehr), *seráub* (Schraube), *serdingk* (Schrank), *kumi* (Gummi) und *rrat* (Fahrrad). Der hohe Anteil hat damit zu tun, dass es auf Palau vor der Kolonialisierung nur geringen Kontakt mit englischen und spanischen Walfängern und Missionaren gab. Dagegen entwickelte sich in der kurzen deutschen Kolonialzeit Deutsch oder zumindest ein Pidgin zur Zweitsprache im Umfeld der Missionsschulen und einer Mine der »Südsee-Phosphat Aktiengesellschaft« auf der Insel Angaur. Nur in der Sprache von Kosrae fand Doris Stolberg kein einziges deutsches Lehnwort. In den anderen Sprachen sind viele Importe aus Deutschland unnötig geworden und werden nur noch in Wörterbüchern konserviert, wie das samoanische *kaisa* (Kaiser) und *ametimani* (Amtmann) oder das palauische *karmoból* (Grammophon).

Doch ausgerechnet ganz in der Nähe, ebenfalls im Südpazifik und für uns am anderen Ende der Welt, lebt noch der faszinierende Rest einer Variante des Kolonialdeutschen, der niemals von mehr als ein paar Hundert Menschen gesprochen wurde. Davon soll im nächsten Kapitel die Rede sein.

Wie die Kinder von Neupommern
eine Sprache erfanden

Am südöstlichen Rand des weiten Pazifiks, 1200 Kilometer nördlich von Australien, liegt der Bismarck-Archipel. Dessen größte Insel ist Neubritannien, das vor 100 Jahren noch *Neupommern* hieß. Dort umgeben aktive Vulkane die Stadt Rabaul. Einer ragt mitten aus dem Hafenbecken, sein Ausbruch 1937 tötete 200 Menschen und zerstörte große Teile des Orts, darunter auch Gebäude aus der deutschen Kolonialzeit.

Denn Rabaul wurde unter dem deutschen Namen Simpsonhafen rund um die gleichnamige Hafenanlage erbaut. Der Nordosten Neuguineas, vor dessen Küste der Bismarck-Archipel liegt, war 1885 unter deutsche Herrschaft gelangt und wurde auf den Namen Kaiser-Wilhelmsland getauft. 1909 verlegte der Gouverneur von Deutsch-Neuguinea, Albert Hahl, seinen Sitz, das Bezirksgericht, das Oberpostgebäude und das Hospital aus dem 30 Kilometer entfernten Herbertshöhe (heute Kokopo) nach Rabaul. Daraufhin wurde es von den Kolonialbehörden als repräsentative Stadt mit vielen neuen Gebäuden, Alleen und Gärten geplant. Es gab sogar einen botanischen Garten, der laut dem »Deutschen

Koloniallexikon« als »Anzuchtstelle für tropische Nutzpflanzen« fungierte.

Nur eines gab es in dieser kleinen deutschen Tropenidylle am Fuße der Vulkane nicht: weiße Frauen. Die »junge blonde liebe Gattin« des Bezirksamtmanns Stübel, die Emil Nolde in Käwien auf der Insel Neumecklenburg (heute New Ireland) getroffen hatte, war eine Ausnahme. Nach seiner Weiterreise zur Insel Manus bekam Nolde davon einen lebhaften Begriff: »Es hatte sich das Gerücht verbreitet, daß eine weiße Frau gekommen sei. Eine weiße Frau war noch nie auf Manus gewesen. Diese wollten sie alle sehen. Als meine Ada ins Freie ging, wurde sie mit schreienden Rufen und Jubel empfangen, und alle umringten diese weiße, weißgekleidete Dame wie ein Himmelswunder. Mit ihren braunen Händen streichelten sie tastend über das Gewand und lösten die langen kastanienbraunen Haarflechten in großer Bewunderung, dauernd redend und gestikulierend.«

Auch nach Rabaul kamen fast ausschließlich Männer als Seeleute, Kolonialbeamte und Händler aus Europa. Viele von ihnen gingen Beziehungen mit Einheimischen ein, oft sogar Ehen. Nicht aus idealistischer Rassenverbrüderung, sondern aus reiner Not. Und das hat Spuren hinterlassen, die noch heute zu sehen sind.

Zwar sind nur wenige mit Händen zu greifende Relikte aus der deutschen Zeit geblieben – nicht zuletzt, weil die Japaner 1942 die Stadt bombardierten und weil ein Ausbruch des sechs Kilometer entfernten Vulkans Tavurvur sie 1994 ein weiteres Mal zerstörte. Doch die koloniale Vergangenheit Rabauls lebt weiter in der Sprache von etwa hundert Menschen, die sich heute noch in einer ganz eigenen, auf Papua-Neuguinea entstandenen Variante des Deutschen unterhalten können: Sie nennen es »Falsche Deutsch«, »Kaputtene Deutsch« oder »Unsere Deutsch«. In der Forschung ist es als Unserdeutsch bekannt.

Lange war die Existenz von Unserdeutsch in Vergessenheit geraten. Die kleine deutsche Garnison von Rabaul wurde bereits zu Beginn des Ersten Weltkriegs von australischen Landungstruppen überwältigt. Schon im Oktober 1914 berichtet der »Sydney Morning Herald«, dass Oberst Holmes, der Kommandeur der Australier, dem Bürgermeister eine der dabei erbeuteten Flaggen des Kaiserreichs Deutschland als Schmuck fürs Rathaus übergeben habe. Mit der Eroberung endete de facto die Zeit Papua-Neuguineas als deutsche Kolonie.

Erst sechs Jahrzehnte später, Ende der siebziger Jahre, machte der australische Student Craig Volker eine elektrisierende Entdeckung: Um Geld zu verdienen, gab er an der Ostküste Deutschunterricht. Eines Tages kam in der Stadt Goldcoast ein schwarzes Mädchen zu ihm, das die Sprache schon recht gut konnte – allerdings eine merkwürdige Grammatik benutzte. »Wo haben Sie Deutsch gelernt?«, fragte Volker. – »Bei uns zu Hause spricht man so«, antwortete die junge Frau. »Zu Hause« – das war, wie Volker herausfand, einerseits die Familie, andererseits Papua-Neuguinea, von wo ihre Eltern gekommen waren. Der Linguist Volker begriff rasch, dass er ein unbekanntes Kreoldeutsch entdeckt hatte.

Volker, der nach vielen Jahren in Japan mittlerweile in Papua-Neuguinea lebt und als Professor lehrt, gehört zu einem Team von Wissenschaftlern, das endlich – bevor die letzten Sprecher sterben – Unserdeutsch dokumentiert, aufzeichnet und erforscht. Organisiert und gelenkt wird das Projekt allerdings von zwei Germanisten der Universität Augsburg: Péter Maitz und Werner König. Maitz erklärt, was Unserdeutsch mit dem Standarddeutschen verbindet und inwiefern es sich von diesem unterscheidet: »Ungefähr neun Zehntel kann man als Deutscher verstehen, weil der Wortschatz zu neunzig Prozent mit dem Hochdeutschen identisch ist. Die Grammatik unterscheidet sich allerdings erheblich. Zum Beispiel gibt es kein Genus der Substantive – also kein Maskulinum, Femininum und Neutrum. Es gibt keine Zeiten: ›I geht‹ kann sowohl ›ich gehe‹ als auch ›ich ging‹ beziehungsweise ›ich bin gegangen‹ bedeuten.« Außerdem ist das Unserdeutsch stark beeinflusst vom Tok Pisin, also dem Pidgin-Englisch, das in Papua-Neuguinea Umgangssprache ist – und das wiederum aus der Kolonialzeit bis heute einige deutsche Lehnwörter behalten hat, beispielsweise *raus* (rauswerfen) oder *gumi* (Gummischlauch).

Unserdeutsch entstand unter den Kindern der 1897 gegründeten katholischen Missionsschule der Herz-Jesu-Mission in Vunapope, einem Ortsteil von Herbertshöhe, Kokopo. Diese Kinder waren – wie man heute wissenschaftlich korrekt sagt – »mixed race«: Ihre Väter waren oft Deutsche oder andere Europäer. In einem Bericht für die »Missionshefte« schilderte der Autor Arnold Janssen 1912, dass »eine

144

große Anzahl der Kinder englischsprechende Väter haben«. Ihre Mütter waren meist indigene Frauen. Aber nicht immer: Es gab auch Kinder mit philippinischen, chinesischen oder japanischen Elternteilen. Das Wichtigste für die Mission war, dass die Kinder nicht schwarz waren, alle anderen wurden angenommen. Einer der Männer, die Craig Volker schon 1979/80 interviewt hat, berichtet, dass sein Vater aus der chinesischen Stadt Kanton kam.

Maitz beschreibt das Bildungsprogramm der Schüler: »Sie bekamen in der Grundschule eine für die damaligen Verhältnisse Papua-Neuguineas einmalig gute, ja beinahe bildungsbürgerliche Grundausbildung. Später wurden die Mädchen in Hauswirtschaft und die Jungen in Handwerken unterrichtet.« Der Missionar Janssen berichtet 1912 ganz unbefangen, wie brutal das durchaus gut gemeinte Erziehungsprogramm jeweils begann: »Die Mission nimmt sie am liebsten, sobald sie die Ernährung durch die farbige Mutter entbehren können. Kommen sie in einem späteren Alter, so bringen sie oft mit großer Mühe auszurottende Gewohnheiten mit, und die Erlernung der deutschen Sprache wird den Kindern, je älter sie sind, desto mühsamer und schwieriger.«

Die Kinder konnten sich privat nicht in ihren indigenen Idiomen unterhalten, denn Neuguinea ist eine der sprachenreichsten Regionen der ganzen Welt, 700 Sprachen gibt es dort insgesamt. Oft hat jedes Tal seine eigene Sprache, und sie unterscheiden sich teilweise stärker als beispielsweise die europäischen.

Weil Tok Pisin an der Schule verboten war, blieb den

Schülern gar nichts anderes übrig, als sich in Gemeinschafts-
räumen und Schlafsälen miteinander auf Unserdeutsch
zu verständigen. Dabei lernten sie durchaus gründlich
Hochdeutsch, die Sprache der Kolonialherren. Briefe und
handschriftliche Kochbücher aus der ersten und zweiten
Sprechergeneration belegen eindeutig, dass sie es sehr gut
sowohl schreiben als auch lesen konnten. Warum die Kinder dennoch privat Unserdeutsch als Gruppensprache entwickelten und verwendeten, bleibt unklar. Vielleicht nutzten
sie es als eine Art Jugendsprache oder Geheimsprache.

Craig Volker hat in den achtziger Jahren in seinen wissenschaftlichen Arbeiten über Unserdeutsch etliche Beispiel-
sätze transkribiert – man erkennt an ihnen unter anderem,
dass das Wort »alle« in der Kreolsprache zum gramma-
tischen Signal für den Plural geworden ist: »Alle kleine
Mensch sind weggegangen, fi holen etwas« (Die Knaben
sind weggegangen, um etwas zu holen). »Alle Kinder muss
ni geht schwimmen« (Die Kinder sollen nicht schwimmen
gehen). Übernahmen aus dem Tok Pisin verrät ein Satz wie
»Also drei I werd aufpicken« (Also um drei werde ich dich
abholen) – die englischen Wörter *I* (deutsch ausgesprochen)
und *pick up* sind darin wiederzuerkennen. Fragewörter
stehen am Ende der Sätze: »Du laufen geht wo?« (Wohin
läufst du?)

Beispiele dafür, wie Unserdeutsch klingt, kann man jetzt
auf der Webseite des Augsburger Forschungsprojekts hören.
Besonders herzerwärmend ist eine Version des Rumpelstilz-
chen-Märchens, die offenbar seit hundert Jahren in der Fa-

milie des Erzählers weitergegeben worden ist. An den vielen Pausen, die er macht, ist zu hören, aus welchen Tiefen der Erinnerung er die Geschichte hervorkramt:

»Nachher begann der Königin war de ganze Abend am denken von alle Namen was sie hat früher gehört und schicken ein Boi geht durch de ganze Land zu finden ein ... zu finden alle Namen das er kann finden. Orait, dann wo der kleine Knabe kam, der kleine Mensch kam wieder zurück, sie blieben am fragen alle Namen. Und sie anfang mit Namen von Kaspar, Melchior und Balthasar, und geht durch de ganze Buch. Aber der kleine Mensch ihm sagen: ›Das is ni mein Name.‹ Dann hat ein ... ein andere Mensch herausgesucht geht durch de ganze Land fi aufschreiben alle Namen fi alle Menschen in der Platz. Und der Königin wollte sein Name ... er wollte wissen, wie er war geheißen, wie die rufen. Und jedes mal er antworten: ›Is nicht mein Name das.‹ Der dritte Tag kam und der Mensch wo geht durch de ganze Land sagen nachher: ›Nur ein Name i konnte ni finden, ein neue Name. Und kein andere Name i konnte ni finden. I geht durch alle Busch, über alle ganz große Hügel und neben ein ganz kleine Haus de Haus war verbrannt von Feuer, und unter Feuer ein ganz komische kleine Mensch war am tanzen. Und er war am springen und springen und mit ein Bein und er war am schreien: ,Heute ich wird backen, morgen I bräue, und der andere Tag I wird holen der Kind. Niemand weiß ... oh niemand weiß von das mein Name is Rumpelstiltskin.'‹«

Unserdeutsch ist nach Einschätzung der Augsburger Wissenschaftler die einzige auf dem Deutschen beruhende Kreolsprache. Auf Englisch wird es auch als »Rabaul German Creol« bezeichnet. Péter Maitz erläutert, was ein Kreol ist: »In kolonialen Kontexten entstehen sehr häufig vereinfachte Kontaktsprachen, die der Verständigung zwischen Kolonialherren und der unterdrückten Bevölkerung dienen – zum Beispiel auf den Plantagen oder in den Häfen. Diese Sprachen nennt man Pidgins. Wenn sie dann zu Muttersprachen werden, die von den Eltern an die folgenden Generationen weitergegeben werden, dann nennen wir das Kreolsprachen.«

Unserdeutsch ist auch deshalb so besonders, weil es von Kindern für ihre Zwecke geschaffen wurde, denn sonst entstehen solche Pidgins nur unter Erwachsenen in Arbeitszusammenhängen. Dass die Sprache wuchs, bis sie irgendwann von ein paar Hundert Menschen gesprochen wurde, liegt daran, dass die Mission in Vunapope auch nach dem Ende des Ersten Weltkriegs in deutscher Hand blieb. Deutsch war Schulfach und zum Teil immer noch Unterrichtssprache.

Zur Muttersprache wurde Unserdeutsch, weil die Mixed-Race-Kinder von Vunapope gezwungenermaßen häufig untereinander heirateten. Denn nicht nur die Weißen schauten auf sie herab, sondern auch die Angehörigen der sehr selbstbewussten Stämme, aus denen ihre Mütter kamen. Diese konnten zu ihrem Volk zurückgehen, nachdem die Väter nach Deutschland zurückgekehrt waren. Die Kinder aber blieben unter sich.

Als Papua-Neuguinea 1975 unabhängig wurde, entschieden sich viele Unserdeutsch-Sprecher, die australische Staatsbürgerschaft anzunehmen und vor allem in den Bundesstaat Queensland auszuwandern. Professor Werner König erklärt, warum: »Solange Papua-Neuguinea eine australische Kolonie war, waren die ganzen Ämter und Posten besetzt mit Weißen. Später hieß es: Weiße raus, Ämter nur noch für Indigene.« Wieder saßen Mixed-Race-Menschen zwischen allen Stühlen.

Heute leben mindestens 90 Prozent der letzten Unserdeutsch-Sprecher in Australien, in den Städten Brisbane, Sydney und Cairns an der Ostküste und um diese herum. Nur fünf bis maximal zehn Prozent, schätzt Maitz, wohnen noch verstreut auf den Inseln Papua-Neuguineas. Für sie und für ihre Kinder und Kindeskinder sind die Forschungen über Unserdeutsch zu einer regelrechten Offenbarung ihrer eigenen Identität geworden, wie die Augsburger Professoren beobachtet haben. König: »Diese Leute haben durch die Tonbandaufnahmen ein neues Selbstbewusstsein erlangt, weil sie plötzlich wichtig waren. Und sie eine Geschichte bekamen. Mittlerweile tauschen sie in einer geschlossenen Facebook-Gruppe Bilder aus und finden gemeinsam heraus, wer oder was auf den Fotos zu sehen ist.« Diese Menschen, die weder von Weißen noch von Papuas akzeptiert wurden und nach der Auswanderung zerstreut worden sind, entdecken sich als Einheit neu. Dass Deutsche dabei helfen konnten, ist eine kleine Wiedergutmachung.

Wie der deutschen Wissenschaftssprache der Sauerstoff ausging

In der zweiten Hälfte des 19. Jahrhunderts stieg Deutsch dank des atemberaubenden Tempos, mit dem in den reformierten Universitäten und den neuen Industriebetrieben Entdeckungen und Erfindungen gemacht wurden, zu einer international gebräuchlichen Wissenschaftssprache auf. Schaut man sich die erstaunlich vielen deutschen Lehnwörter im Englischen an, die das »Oxford English Dictionary« verzeichnet, stellt man fest, dass der Anteil kultureller und politischer Begriffe wie *realpolitik, leitmotiv, kindergarten* oder *zeitgeist* bei weitem übertroffen wird von eher unbekannten wissenschaftlichen Fachtermini, die aus dem Deutschen übernommen wurden. Besonders hoch ist die Deutschquote in der Chemie und in der Geologie. Das haben Genies wie Justus von Liebig und Fritz Haber sowie die bereits seit dem Mittelalter führende Rolle deutscher Fachleute im Bergbau bewirkt. Der Sprachhistoriker Peter von Polenz nennt den Aufstieg des Deutschen zur größten, oder zweitgrößten, Weltwissenschaftssprache (so genau lässt sich das nicht auszählen, weil längst nicht alle Publikationen von damals statistisch erfasst sind) »die stärkste Veränderung in der internationalen Bedeutung der deutschen Sprache im 19. und 20. Jahrhundert«.

Doch es war eine kurze Blütezeit. Der Germanist Ulrich Ammon grenzt diese Epoche in »Die Stellung der deutschen Sprache in der Welt« wie folgt ein: »Die deutsche Sprachgemeinschaft konnte sich im Grunde nur in der verhältnismäßig kurzen Zeitspanne der zweiten Hälfte des 19. und ersten Hälfte des 20. Jahrhunderts für ihre wissenschaftliche Kommunikation weitgehend auf die eigene Sprache beschränken. Dies war möglich, weil Deutsch in dieser Zeit, mehr als je zuvor und danach, eine internationale Wissenschaftssprache war. Seine Verwendung für die wissenschaftliche Kommunikation blieb nicht auf die Muttersprachler beschränkt, sondern andere Sprachgemeinschaften nutzten ebenfalls das Deutsche, indem sie vor allem darin verfasste Texte lasen.«

Bis in die frühe Neuzeit hinein war Latein die internationale Wissenschaftssprache. Martin Luther schrieb auf Deutsch fürs Volk; aber selbstverständlich auf Latein, wenn er von seinem intellektuellen Widersacher Erasmus von Rotterdam über alle nationalen Grenzen hinweg verstanden werden wollte. Galileo Galilei hat nicht nur unser Weltbild revolutioniert, sondern auch die Wissenschaftssprache. Er war einer der Ersten, der seine wissenschaftlichen Abhandlungen zunächst auf Italienisch schrieb und sie erst danach für den internationalen Buchmarkt ins Lateinische übersetzte. In Deutschland haben Leute wie der Universalgelehrte Christian Wolff im frühen 18. Jahrhundert allmählich ihre

Muttersprache an den Universitäten etabliert. Aber noch Konrad Duden musste seine Dissertation Mitte des 19. Jahrhunderts auf Latein schreiben.

Als Latein allmählich zurückgedrängt wurde, war aber noch lange nicht klar, ob die jeweiligen Muttersprachen in der Wissenschaft an seine Stelle treten würden. Im Zuge der Aufklärung übernahm vielmehr zunächst das Französische als Sprache der Oberschicht und als modernisierende Wissenschaftssprache vielerorts die Funktion des Lateinischen. Die deutschen Bildungseliten waren oft in Deutsch wie Französisch sattelfest und natürlich, wie wir am Beispiel Dudens sehen, oft dreisprachig mit fortdauerndem Gebrauch des Lateins. Peter von Polenz schreibt: »Bis um 1800 galt auch in Deutschland Französisch als Sprache des wissenschaftlichen Fortschritts; selbst Englisches wurde oft in französischen Übersetzungen gelesen, und mit britischen Kollegen sprach man noch lange Latein oder Französisch.«

Erst im 19. Jahrhundert wurde Deutsch als Wissenschaftssprache in Deutschland dominant. Dafür gab es zwei Gründe. Zum einen wollte man das Wissen seit der Aufklärung möglichst breiten Bevölkerungsschichten zugänglich machen. Sprachbarrieren sollten kein Hindernis für die Verbreitung wissenschaftlicher Erkenntnisse sein. Zum anderen wollte man sich im nationalen Aufbruch aus der »Knechtschaft« des Französischen befreien. Das Wissenschaftsdeutsch wurde aus den gleichen Gründen eingeführt, aus denen man ab 1800 angefangen hatte, mehr und mehr Verdeutschungen für Fremdwörter zu erfinden.

Schon um die Wende vom 18. zum 19. Jahrhundert waren deutsche Universitäten weltweit geachtet. Damals schätzte man sie aber noch nicht wegen ihrer Leistungen in den exakten Wissenschaften, sondern wegen derjenigen in der Philosophie, Theologie und Philologie. Madame de Staël fand 1810 vor allem das protestantische Norddeutschland »angefüllt mit den gelehrtesten Universitäten Europas«, schränkte aber ein, dass sich das alles »auf dem Feld der Theorie« abspiele.

Seit der Jahrhundertwende und vor allem in der zweiten Hälfte des 19. Jahrhunderts wandten sich die deutschen Universitäten auch im großen Stil der empirischen Forschung zu. Nach 1850 waren sie so führend in der Welt und die Zahl der an ihnen bzw. in ihrem Wirkungskreis gemachten Entdeckungen und Erkenntnisse war so beeindruckend, dass Naturwissenschaftler aus allen möglichen Ländern zum Studieren nach Deutschland und Österreich kamen. Von den nichtdeutschen Nobelpreisträgern der nuller bis dreißiger Jahre des vorigen Jahrhunderts hatten viele zumindest eine Weile in Deutschland studiert oder an deutschen Instituten gearbeitet, in der Chemie beispielsweise Svante Arrhenius und Theodor Svedberg (Schweden), Theodore W. Richards und Irving Langmuir (USA), Petrus J. W. Debye (Niederlande) und Walter N. Haworth (Großbritannien). Ähnliche Listen lassen sich für Physik und Medizin aufstellen. Nach ihrer Rückkehr in ihre, häufig kleineren, Heimatländer begründeten solche in Deutschland ausgebildeten Spitzenkräfte oft bestimmte Fachdisziplinen nach deutschem Vorbild und mit Deutsch als Fachsprache. Besonders stark war der deutsche Einfluss auf die Wissenschaftssprachen in Osteuropa einschließlich des Baltikums, in Skandinavien, in Jugoslawien, den Niederlanden sowie Korea und Japan.

Die Japaner ließen sich sogar deutsche Spezialisten schicken. Ein Beispiel dafür ist die Medizin: Am 23. August 1871 trafen zwei deutsche Militärärzte an Bord eines Dampfers im Hafen von Yokohama ein: Heeresoberstabsarzt Dr. Benjamin Carl Leopold Müller und Marinestabsarzt Dr. Theodor Eduard Hoffmann. Japans Reformer hatten sich ausdrücklich Mediziner aus der Kriegerkaste gewünscht. Die beiden Deutschen legten die organisatorische Basis für die Entwicklung medizinischer Hochschulen in Japan.

Nachdem die Grundlagen geschaffen waren, reisten begabte japanische Ärzte zur Fortbildung nach Deutschland. Die in Tokio seit 1898 erscheinende »Zeitschrift für deutsche Sprache« begründet dies in ihrer ersten Ausgabe:

Es sollen daher hier einige der hervorstechendsten Vorzüge der deutschen Sprache besonders auf dem Gebiete der Wissenschaften angegeben und gezeigt werden, wie hoch alle wissenschaftlichen Studien bei den Deutschen entwickelt sind und in welchem Ansehen diese Nation deshalb bei den übrigen Völkern Europas und Amerikas steht.

Deutschland hat jetzt den Ruf, das in den Wissenschaften am weitesten fortgeschrittene Land zu sein, und das mit Recht. Denn aus allen Ländern gehen lernbegierige Studenten dahin, um auf deutschem Boden weitere Untersuchun-

gen in allen Zweigen der Wissenschaft zu machen. Auch
von unseren Studenten werden die tüchtigsten, nachdem
sie ihren Kursus in der Universität durchgemacht haben,
gewöhnlich nach Deutschland geschickt, auch wenn sie die
englische Sprache gelernt haben.

Nach der Rückkehr wurden viele dieser Ärzte Professoren an medizinischen Fakultäten der neuen Hochschulen, die innerhalb von knapp anderthalb Jahrzehnten nach europäischem Muster entstanden. Der berühmte Arzt Hayari Miyake eignete sich im Jahr 1898 beispielsweise Wissen an der Universität in Breslau an. 1904 wurde er zum Professor der chirurgischen Klinik an der Kaiserlichen Universität in Kyushu ernannt. Unter anderem publizierte er 1913 in einer deutschsprachigen medizinischen Zeitschrift eine Studie über Gallensteine.

Der Wissenschaftshistoriker Shigeru Nakayama hat anhand statistischer Daten nachgewiesen, dass dieser japanische Blick nach Deutschland sinnvoll war. Er kam zu dem Ergebnis, dass in der Zeit von 1830 bis etwa 1910 die deutschsprachigen Länder am meisten zu den Entdeckungen in der Medizin beitrugen.

Bis ins 20. Jahrhundert hinein war Deutsch die medizinische Standessprache in Japan. Noch nach dem Zweiten Weltkrieg wurden Krankenakten und Berichte teilweise in deutscher Sprache geschrieben. Viele deutsche Lehnwörter haben sich bei den Ärzten und Krankenhäusern bis heute erhalten. Der Patient wird in Japan als *kuranke* (der Kranke) bezeichnet. Im Krankenhausalltag sprechen Ärzte vom *essen*, wenn sie zu Mittag essen. Außer den Ärzten verwendet niemand dieses Wort, selbst das Pflegepersonal nicht. Das Aufklärungsgespräch zwischen Patienten und Ärzten wird als *muntera* bezeichnet, eine Verballhornung von *Mundtherapie*. Und ausschließlich Chirurgen verwenden den Terminus *merukumaaru*, der vom deutschen *Merkmal* stammt.

Ein anderes Beispiel für die Aneignung der deutschen Sprache durch japanische Wissenschaftler ist der Jurist Shigema Oba. Er war Richter in der Präfektur Akita, in Kobe und Nagoya, schließlich von 1902 an als Staatsanwalt am Bezirksgericht Tokio. Auch für Juristen war das Deutsche lange Zeit ein obligatorischer Studienbestandteil – so übrigens ebenfalls in Portugal. 1905 ging Oba zum Auslandsstudium zunächst nach München, dann schrieb er 1908 in Erlangen seine Dissertation zum Thema »Unverbesserliche Verbrecher und ihre Behandlung«. Mit ihr führte er das Wort *Dunkelziffer* in die deutsche Sprache ein. Er hatte es selbst erfunden – als Übersetzung für das englische *dark number*.

Noch einige Zeit nach dem Ersten Weltkrieg war Deutsch auf Kongressen der Physik oder Sprachwissenschaften führende Weltwissenschaftssprache. Als 1904 im Rahmen der Weltausstellung in St. Louis ein »Congress of Arts and Science« abgehalten wurde, trugen die Referenten Max Weber, Werner Sombart, Ferdinand Tönnies, Benno Erdmann, Johannes Conrad, Paul Hensel, Max Dessoir, Ludwig Boltzmann und Wilhelm Ostwald dort auf Deutsch vor – wie die nachträgliche Publikation der Vorträge mit dem Zusatz

»translated from the German« beweist. Dem Theologen Adolf von Harnack wäre auch gar nichts anderes übrig geblieben, als in seiner Muttersprache zu referieren; nach dem Ersten Weltkrieg lehnte er wegen mangelnder Englischkenntnisse das Angebot ab, Botschafter in Washington zu werden. Der Berliner Philosoph Max Dessoir ließ zu seinem Vortrag obendrein eine Bibliografie verteilen, die wiederum etwa zur Hälfte aus deutschsprachigen Titeln bestand. Auf Englisch referierten nur Deutsche, die in Amerika lehrten, wie der in Chicago tätige Heinrich Maschke.

Bei internationalen Konferenzen war Deutsch noch in den zwanziger Jahren 132-mal Konferenzsprache und lag damit auf Rang drei hinter Französisch (220) und Englisch (120). In den USA, in den Niederlanden, in skandinavischen und ostmitteleuropäischen Ländern, in Portugal und – wie wir gesehen haben – in Japan waren Deutschkenntnisse in vielen Fächern erforderlich, auch in den Naturwissenschaften. Deutsch wurde stärker als die beiden anderen konkurrierenden Sprachen als Wissenschaftssprache wahrgenommen, weil Französisch immer noch die Sprache der Diplomatie war und Englisch im internationalen Handel vorherrschte.

Ähnlich prominent war die Stellung des Deutschen unter den wissenschaftlichen Publikationen. Laut einer Langzeituntersuchung amerikanischer, deutscher, französischer und russischer Referatenorgane ab etwa 1880 gehörte Deutsch noch 1920 zu den drei Weltwissenschaftssprachen, teils vor, teils nach Englisch, vor Französisch und weit vor Russisch. Unter diesen bibliografischen Referatenorganen selbst

– Vorläufer moderner Datenbanken, die ihre Leser mit Zusammenfassungen der aktuellen Publikationen des jeweiligen Faches versorgten – waren deutsche wie die »Zeitschrift für Pflanzenkrankheiten« oder das »Zentralblatt für Bakteriologie« die weltweit wichtigsten und angesehensten.

Kaum vorstellbar aus heutiger Sicht war die Dominanz des Deutschen bei den biologischen Fachzeitschriften, die der Amerikaner Frank A. Spragg 1919 für sein Fach gezählt hat: Von 286 Publikationen seien allein 169 deutsch gewesen (davon 20 in Österreich, fünf in der Schweiz und zwei in Polen gedruckt), nur 49 englisch (davon 36 in den USA veröffentlicht), 25 russisch und 14 französisch. In seinem Artikel für »Science« rief Spragg 1919 dazu auf, die Herrschaft des Deutschen in der Biologie nun endlich zu brechen – ein Appell, der, wie wir sehen werden, nicht ungehört blieb.

Besonders für die Zoologen waren Deutschkenntnisse absolut notwendig. Der englische Biologe Theodore Horace Savory erinnerte sich 1953, dass in seiner Studienzeit jungen Wissenschaftlern im Allgemeinen der Rat gegeben wurde, Deutsch zu lernen. In einer Bibliografie zur Biologie der Spinnen etwa hatte er zu einem Drittel deutschsprachige Titel versammelt. Ulrich Ammon nennt Deutsch »die Lingua franca« dieser Fachrichtung zu Beginn des Jahrhunderts. In der britischen Zeitschrift »Zoological Record« zählte er 1910 überragend viele deutsche Publikationen und konnte nachweisen, dass beispielsweise russische oder norwegische Arbeiten dem internationalen Fachpublikum in deutscher Übersetzung präsentiert wurden.

Das hatte auch in anderen Fächern Tradition: Der russische Chemiker Alexander M. Butlerow legte schon 1868 Wert darauf, dass sein »Lehrbuch der Organischen Chemie« ins Deutsche übersetzt wurde und in Leipzig erschien, um sich international einen Namen machen zu können. Der russische Begründer des Behaviorismus, Iwan P. Pawlow, der später durch seine konditionierten Hunde sprichwörtlich wurde, erlangte weltweiten Ruhm erst, als 1898 sein Buch »Die Arbeit der Verdauungsdrüsen« ins Deutsche übersetzt wurde. 1906 bekam er, der natürlich ebenfalls in Deutschland studiert hatte, den Nobelpreis für Medizin. Andere schrieben von vornherein auf Deutsch, wie der Nobelpreisträger Ilja Iljitsch Metschnikow, dessen 1904 erstmalig erschienene Abhandlung über die Immunabwehr im Blutkreislauf – »Die Lehre von den Phagozyten und deren experimentelle Grundlagen« – noch heute als Standardwerk gilt.

Noch in den zwanziger Jahren fällt Ammon ein beeindruckender Anteil deutscher Titel in den amerikanischen »Biological Abstracts« auf. Es gibt dort auch russische oder japanische Beiträge »with a german résumé«. Und nach allem, was wir über die Vorbildfunktion Deutschlands für Japan gelernt haben, wundert es nicht, dass der Germanist viele deutschsprachige Beiträge japanischer Wissenschaftler gefunden hat, die zudem noch in japanischen Zeitschriften mit deutschem Titel erschienen sind – beispielsweise in den »Berichten des Ohara Instituts für landwirtschaftliche Biologie, Okayama Universitaet«.

Deutschsprachige Wissenschaftspublikationen in nicht deutschsprachigen Ländern gab es nicht nur in Japan, wo beispielsweise auch noch das »Archiv für japanische Chirurgie« erschien. Beispiele für solche Zeitschriften sind auch die »St. Petersburger medicinische Wochenschrift« und die »Pharmaceutische Zeitschrift für Russland« im Russischen Reich.

Wenn man um 1900 einen Forscher gefragt hätte, was wohl im Jahre 2000 die Weltwissenschaftssprache sein würde, hätte der sich wahrscheinlich auf eine Mischung aus Englisch, Französisch und Deutsch festgelegt, glaubt Michael Gordin, der mit »Scientific Babel« eine Weltgeschichte der Wissenschaftssprachen geschrieben hat. Der schon erwähnte Engländer Theodore Horace Savory geht sogar noch weiter: »Indeed at one time it was almost true to say that the language of science was the language of Heidelberg and Göttingen« – ich zitiere hier ausnahmsweise mal in der Originalsprache wegen des hübschen Zusammenklangs der romantischen deutschen Namen mit dem englischen Märchenton.

Der Princeton-Professor Michael Gordin meint deshalb: »Bemerkenswert am zwanzigsten Jahrhundert ist nicht der Aufstieg des Englischen, sondern der unaufhaltsame Zusammenbruch des Deutschen als aufstrebende Sprache der wissenschaftlichen Kommunikation.«

Der Abstieg begann mit dem Ersten Weltkrieg. Schon während des Krieges kündigten deutsche Forscher selbst die Mitarbeit an internationalen Projekten auf, die Ausfuhr deutscher Fachliteratur wurde nicht nur ins feindliche, sondern sogar ins neutrale Ausland verboten und man beendete die Mitarbeit am »International Catalogue of Scientific Literature«, woraufhin dieser Ende 1914 eingestellt wurde.

Nach 1918 organisierten französische, belgische und britische Wissenschaftler dann einen Boykott gegen Forscher aus Deutschland und Österreich. Sie wurden von Konferenzen ausgeschlossen, und es wurde ihnen nicht gestattet, in westeuropäischen Fachzeitschriften zu publizieren. Der britische Chemiker William Ramsay und der französische Mathematiker Émile Picard hatten solche Boykottmaßnahmen schon 1915 gefordert. Nach Kriegsende ließ Picard zusammen mit dem amerikanischen Astrophysiker George Ellery Hale und dem britischen Physiker Arthur Schuster, die beide gewichtige Rollen in ihren nationalen Wissenschaftsakademien spielten, den Bann gegen deutsche Forscher Realität werden. Lange war dieser Boykott in Vergessenheit geraten, seine Folgen kaum bekannt. Erst die Germanistin Roswitha Reinbothe hat 2006 in ihrer Habilitation dieses unschöne Kapitel der internationalen Wissenschaftsgeschichte detailliert beschrieben.

Begründet wurde der Aufruf zur Nichtzusammenarbeit mit den Äußerungen deutscher Wissenschaftler und Künstler während des Krieges: Am 4. Oktober 1914 hatten sich 93 prominente Vertreter aller kulturellen Zünfte mit einem »Aufruf an die Kulturwelt« an die Weltöffentlichkeit gewandt und den Krieg inklusive des Angriffs auf das neutrale Belgien gerechtfertigt. Zu den Unterzeichnern gehörten u. a.

Emil Fischer, Fritz Haber, Conrad Röntgen, Max Planck, Ernst Haeckel und natürlich der im Kolonialkapitel genannte »Weltdeutsch«-Propagandist Wilhelm Ostwald. Dem folgte am 16. Oktober 1914 eine »Erklärung der Hochschullehrer des Deutschen Reiches« mit 3000 Unterschriften. Als nach dem Krieg mit dem Versailler Vertrag Deutschland zum Alleinschuldigen am Krieg erklärt wurde, kreidete man den Wissenschaftlern diese in teilweise sehr scharfem und rassistischem Ton gehaltenen Proklamationen an.

Der Boykott wurde zunächst eisern durchgehalten. Zu sämtlichen vierzehn internationalen Wissenschaftskonferenzen 1919 wurde kein einziger Deutscher eingeladen. Siebzehn der zwanzig Konferenzen des Folgejahres schlossen Deutsche aus. Eine Ausnahme machte man weltweit nur für Albert Einstein, der 1914 dem »Aufruf an die Kulturwelt« öffentlich widersprochen hatte.

Noch bei der vierten Internationalen Tuberkulosekonferenz 1924 im schweizerischen Lausanne entstand eine völlig absurde Situation: Deutsche waren nicht eingeladen. Österreicher durften kommen, aber der offizielle Bericht eines Wiener Regierungsvertreters wurde auf Französisch geschrieben. Und deutschschweizerische Ärzte mussten akzeptieren, dass ihre Muttersprache, immerhin eine der Landessprachen der Schweiz, auf der Konferenz nicht zugelassen war.

Zwar weichte der Boykott allmählich auf, doch nur minimal: Auf 60 Prozent aller internationalen Wissenschaftskonferenzen der Boykottperiode waren keine Deutschen zugelassen. Die Zahl erscheint umso drastischer, wenn man weiß, dass es natürlich auch Konferenzen in neutralen Staaten gab, die sich von der antideutschen Stimmung nicht mitreißen ließen. Dazu gehörte vor allem Schweden, dass deutsche Forscher weiterhin mit Nobelpreisen bedachte: Die erste Nachkriegsauszeichnung für Chemie wurde ausgerechnet an den ebenso kompetenten wie berüchtigten Fritz Haber vergeben. Das führte zu einem Aufschrei in den Ländern der Entente, denn Haber war der wissenschaftliche Kopf hinter den deutschen Giftgaseinsätzen, die ab 1915 an der Westfront stattgefunden hatten.

Während die Anhänglichkeit der Schweden, deren führende Akademiker häufig in Deutschland studiert hatten, an die Wissenschaftler des Kriegsverlierers nicht so sehr überrascht, kamen andere Boykottbrecher aus ganz unerwarteter Richtung. Ähnlich wie im militärischen Bereich bahnte sich auch in der Wissenschaft eine Zusammenarbeit zwischen der Sowjetunion und Deutschland an. Zwar war das Zarenreich 1914 bis 1917 Gegner der Deutschen und Österreicher gewesen. Doch nach der Oktoberrevolution hatte es einen Separatfrieden geschlossen, und nach Kriegsende galt der kommunistische Staat als Paria der Weltgemeinschaft – genau wie Deutschland. Im Vertrag von Rapallo vereinbarten beide Staaten am Rande der Weltwirtschaftskonferenz 1922 – eine der wenigen, zu der die beiden Außenseiter überhaupt eingeladen wurden – enge wirtschaftliche und diplomatische Beziehungen. Das hatte Folgen auch für die Wissenschaft: 1925 wurde die »Deutsch-

Russische Medizinische Zeitschrift« als Veröffentlichungs-
organ für sowjetische Forscher im Westen gegründet, man
unternahm gemeinsam eine große Sibirienexpedition und
schuf eng zusammenarbeitende Hirnforschungsinstitute in
Berlin und Moskau.

Trotz alledem gab es mehr und mehr zwei voneinander
getrennte wissenschaftliche Welten – eine deutschsprachige
in den besiegten Mittelmächten Deutschland und Österreich und eine in Westeuropa und den USA, die sich des
Englischen und Französischen bediente. In dieser Zeit
wurden internationale Organisationen gegründet, die die
Wissenschaft global normen und vereinheitlichen sollten.
Ein Beispiel dafür ist die 1919 in Brüssel gegründete International Union of Pure and Applied Chemistry, die seither als
die bestimmende Institution anerkannt wird, wenn es um
Empfehlungen zu Nomenklatur, Symbolen, Terminologie
und standardisierten Messmethoden geht. Die IUPAC begann ihre Arbeit auf Englisch und Französisch, sie hieß auch
erst Union internationale de la Chimie pure et appliquée.
Deutsch war wie bei vielen anderen Wissenschaftsorgani-
sationen keine Arbeitssprache. Das war in diesem Falle besonders frappierend, weil in der Chemie die Stellung des
Deutschen als Wissenschaftssprache besonders bedeutsam
war. Im ersten Jahrzehnt des 20. Jahrhunderts gingen fünf
von insgesamt zehn Chemie-Nobelpreisen nach Deutschland, im zweiten Jahrzehnt immerhin noch drei von acht.

In Brüssel wurden 1919 auch die Union astronomique
internationale und die Union géophysique internationale

gegründet. Sie sollten die Astronomische Gesellschaft sowie die Internationale Erdmessung und die Internationale Erdbebenforschung ersetzen, die damals bedeutendsten internationalen Fachvereinigungen dieser Fächer. In ihnen dominierten deutsche Wissenschaftler. Bei der Vorbereitung und der Gründung der neuen Unionen hatte wieder Émile Picard die Fäden gezogen. Neutrale Länder, von deren Seite man Widerspruch gegen den Ausschluss der Deutschen erwartete, wurden erst nach der Gründung der drei Unionen in begrenztem Maße zugelassen.

In den Geisteswissenschaften war der Boykott weniger rigoros. Aber auch die im Mai 1919 gegründete Union académique internationale, in der sich die Akademien für Philologie, Archäologie, Geschichtswissenschaft, Humanwissenschaft sowie Politik- und Sozialwissenschaft der ganzen Welt vernetzten, schloss die deutsche Sprache aus und ließ nur Französisch zu.

Recht kläglich wirkten angesichts all dessen deutsche Gegenboykotte. 1922 fand in Kiel der Kongress der Internationalen Union für theoretische und angewandte Limnologie statt (Sie dürfen ruhig zugeben, wenn Sie nicht wissen, dass das die Wissenschaft von den Binnengewässern ist!). Den Entente-Staaten wurde die Teilnahme untersagt, Kongresssprache war ausschließlich Deutsch.

Vorbild für die Boykotte, welche die Weltkriegssieger gegen die Verlierer verhängten, war die Sprachenpolitik des im Zuge des Versailler Vertrags gegründeten Völkerbunds. Dieser beschränkte sich ebenfalls auf die Amtssprachen Englisch und Französisch. Deutschland war zunächst auch gar nicht Mitglied. Wenn Forderungen nach der Wiederzulassung von Deutsch in der internationalen wissenschaftlichen Kommunikation aufkamen, wurden sie mit dem Hinweis auf die Gepflogenheiten des Völkerbunds abgebügelt.

Als Deutschland 1926 dem Völkerbund beitrat, gab es Bestrebungen, die Boykottmaßnahmen zu lockern. Doch die deutsche Sprache erlangte ihre alte Stellung nicht wieder. So war sie beispielsweise auch in der Geschichtswissenschaft bis 1914 das Medium internationaler Verständigung gewesen. Als 1926 erstmals nach dem Krieg wieder Deutsche an einem internationalen Historikerkongress in Genf teilnehmen durften, stellte der Vorsitzende des Verbandes der Deutschen Historiker, Hermann Reincke-Bloch, resigniert fest: »Trotzdem als Verhandlungssprachen Deutsch, Englisch, Französisch, Italienisch und Spanisch zugelassen waren, haben mit einziger Ausnahme der Deutschen und Österreicher sämtliche Vertreter sich bei den Verhandlungen und bei den Tischreden der französischen Sprache bedient.«

Es war angesichts dieser offensichtlichen Abwendung geradezu vermessen, dass maßgebliche deutsche Wissenschaftler und Politiker im übergroßen Selbstvertrauen inakzeptable Forderungen stellten. Sogar ein vernünftiger Mann wie der Außenminister Gustav Stresemann, der Deutschland mit diplomatischem Geschick in den Völkerbund hineinverhandelte, formulierte im Dezember 1925 in einer Rede vor Vertretern des Vereins »Berliner Presse« im

Reichstag sehr laute Ansprüche und verdrehte zum Teil die Tatsachen:

Der Boykott der deutschen Wissenschaft während des Krieges und nach ihm ist ein beschämendes Kapitel in der Geistesgeschichte der Welt. Wer heute noch glaubt, daran festhalten zu müssen, befindet sich in der Gefahr, bei dem allenthalben einsetzenden Abbau der Kriegsfolgen sich zu verspäten. Es ist ein Anachronismus, wenn wissenschaftliche Organisationen noch glauben, am Ausschluß deutscher Gelehrter festhalten zu müssen. Die Zeit läuft eiliger, als in manchen Gelehrtenstuben geglaubt wird. Man möge schnell damit aufhören, nicht deshalb, weil sein Fortbestand die deutsche Wissenschaft gefährdet. Die deutsche Wissenschaft hat das Schlimmste überwunden. Sie ist zum Geben nicht weniger befähigt als früher. Zwingt man uns in eine geistige Isolierung hinein – es gibt kein Volk, das sie eher zu ertragen vermöchte als das deutsche, auf Grund dessen, was es aus eigener Kraft, aus eigenem Geist für sich und alle darzubieten vermag. (hier vermerkt der Bericht des »Wolfschen Telegraphenbüros«: »Beifall«) *Wer ganz im Geiste des Volkes lebt und ihn zum höchsten Ausdruck bringt, der vermag auch der Welt das Größte zu geben. Ein Goethe und ein Dante gehören der ganzen Welt, gehören ihr deshalb, weil sie ganz den Geist des Volkes verkörpern. Wer einen überregionalen Kulturaustausch verhindern will, der scheidet sich selbst aus der Kulturgemeinschaft der Völker aus. Heute, wo überall in der Politik das Streben nach*

Konsolidierung sich zeigt, ist es eine Anomalie der politischen Lage, wenn der Boykott der deutschen Wissenschaft noch aufrecht erhalten wird.

Der Paria von eben wollte schon wieder Kommandos geben, drohte ein bisschen und schwurbelte mit der Macht des Volksgeists. Das kam bei den Siegermächten nicht gut an.

Dennoch hätte es 1926 die Chance gegeben, dem International Research Council beizutreten, einer Organisation, die weltweit die Naturwissenschaften fördern wollte. Die beiden Mittelmächte Österreich und Deutschland waren auch hier bei der Gründung 1919 in Brüssel explizit ausgeschlossen worden, und man hatte sogar die Stimmrechte innerhalb des IRC so manipuliert, dass gegen England und Frankreich keine Lockerung des Boykotts möglich war. Doch als Mitte der zwanziger Jahre sogar Frankreichs ablehnende Haltung zu bröckeln begann, wollten die gedemütigten Deutschen gar nicht mehr beitreten. Das war psychologisch nachvollziehbar, politisch war es idiotisch. Die Dominanz der englischen und zunächst auch noch der französischen Sprache wuchs immer mehr, und Deutsch verlor allmählich an Bedeutung.

Für diese Schwächung war nicht allein die Exklusions-Diplomatie der Siegermächte verantwortlich. Es gab auch wirtschaftliche Gründe. Der Krieg und die folgenden Reparationszahlungen hatten Deutschland ruiniert. Die Inflation verschärfte die Lage noch. Wissenschaftliche Bibliotheken mussten wegen des Devisenmangels den Bezug ausländischer Fachzeitschriften einschränken. So hatte die Preußische Staatsbibliothek vor dem Krieg 2300 ausländische Zeitschriften abonniert; 1922/23 waren davon nur noch 200 übrig. Die Kaiser-Wilhelm-Gesellschaft, die Vorläuferin der Max-Planck-Gesellschaft, war Anfang der zwanziger Jahre quasi bankrott. Ausländische Sponsoren mussten die Gesellschaft retten, und es ist wenig überraschend, dass diese aus Japan kamen, wo die Treuesten der Treuen unter den Verehrern der deutschen Wissenschaft und Kultur lebten: Der Pharmazie-Industrielle Hajime Hoshi und der Kaufmann Gunshiro Mochizuki stifteten große Summen von Gold-Yen an die Kaiser-Wilhelm-Gesellschaft und die 1920 gegründete Notgemeinschaft der deutschen Wissenschaft, die Vorgängerin der Deutschen Forschungsgemeinschaft.

Die Stellung des Deutschen war trotz allem immer noch so stark, dass die Diskriminierungen und Boykotte diese nicht sofort erschüttern konnten. Zumindest Lesefähigkeiten in Deutsch galten bis in die dreißiger Jahre für Chemiestudenten global als unverzichtbar, und in Amerika waren zu dieser Zeit sogar noch deutschsprachige Lehrbücher der Chemie in Gebrauch.

Doch dann übernahm in den USA eine neue Generation von Wissenschaftlern die Führung, deren Ausbildung von den Wirkungen der antideutschen Aufwallungen während des Krieges geprägt war. Noch 1915 wurden in den USA Fremdsprachen ebenso häufig wie in Europa gelehrt und gelernt. Dann ließen die Gesetze, die gegen das Deutsche erlassen wurden, die Zahl derjenigen, die Fremdsprachen lernten, massiv sinken. Als der Oberste Gerichtshof die Zwangsmaßnahmen 1923 endlich wieder abschaffte, hatten sich die USA in den Isolationismus zurückgezogen. Was in Deutschland oder Frankreich passierte, schien sie nichts anzugehen.

Dies war gerade die Zeit, in der die USA allmählich zur weltweit führenden Wissenschaftsnation aufstiegen. Zwar kam bis 1940 etwa ein Drittel der Nobelpreisträger aus deutschsprachigen Ländern, doch schon zwischen 1920 und 1930 stieg die Zahl der Nobelpreisträger aus anglophonen Ländern steil an. Dafür waren in erster Linie Universitäten und Forschungsinstitute in den USA verantwortlich. Diese neue Generation amerikanischer Spitzenforscher sprach nur Englisch und bekam zunehmend den Eindruck, man brauche auch keine andere Sprache, um global wissenschaftlich mitreden zu können.

Die Wende nach 1918 reicht allein nicht aus, um zu erklären, warum Englisch heute eine derart einschüchternde Dominanz als internationale Wissenschaftssprache hat – nicht nur Deutsch, sondern auch Französisch, Japanisch und das noch in den achtziger Jahren ziemlich verbreitete Russisch wurden beiseitegeschoben. Der Bedeutungsverlust des Deutschen setzte sich fort, als Massen jüdischer und politisch nonkonformer Wissenschaftler ab 1933 vertrieben wurden. Schon 1936 waren 1167 deutsche Wissenschaftler ins Ausland verdrängt worden; von ihnen gingen allein 825 in die USA. Das nationalsozialistische Regime trieb auch den Gegenboykott der zwanziger Jahre, die trotzige Selbstisolierung der deutschen Wissenschaft, auf die Spitze. Nach der Verleihung des Friedensnobelpreises an den im KZ gefangenen Regimegegner Carl von Ossietzky verbot Adolf Hitler die Annahme von Nobelpreisen. 1939 wurden Adolf Butenandt, Richard Kuhn (beide Chemie) und Gerhard Domagk (Medizin) gezwungen, ihre Nobelpreise mit rüden Schreiben, die der Diktator selbst geprüft hatte, abzulehnen.

Nicht zuletzt war das Image der deutschen Forschung durch die Rolle erschüttert worden, die Wissenschaftler bei der Etablierung der NS-Rassenlehre und bei Menschenversuchen gespielt hatten. Nach 1945 stiegen die Wissenschaftler der kleineren Sprachgemeinschaften, die das deutsche Sprachgebiet umgeben – Niederländer, Dänen, Tschechen, Skandinavier –, im großen Umfang von Deutsch als Publikationssprache auf Englisch oder zeitweise Russisch um. Und seit etwa 20 Jahren ist Englisch die Sprache des Internets und der digitalen Kommunikation; das hat die Vereinheitlichung des internationalen Wissenschaftsgesprächs noch beschleunigt. Heute twittern junge deutsche Wissenschaftler auf Englisch, obwohl 80 Prozent ihrer Follower Deutschsprachige sind. Es ist der farcenhafte Endpunkt einer Entwicklung, die 1919 begann. Die Chronistin dieses lange vergessenen Deutschuntergangs, Roswitha Reinbothe, schreibt dazu: »Mit Hilfe des Boykotts gelang es, die internationale Stellung der deutschen Wissenschaft und Sprache nachhaltig zu schwächen. Sicherlich hatte auch der Aufstieg der Wissenschaftsmacht USA und der englischen Sprache daran großen Anteil. Doch wurde dieser Aufstieg durch den Krieg und den anschließenden Boykott erheblich forciert, zumal ein starker Konkurrent besiegt und ein Macht- und Systemwechsel im internationalen Wissenschaftsbetrieb herbeigeführt werden konnten. (…) Ohne den Boykott hätte die internationale Wissenschaftssprache Deutsch niemals so schnell zurückgedrängt werden können.«

Egal kann uns das alles nicht sein. Englischen Muttersprachlern verschafft die Dominanz große Vorteile. Beim prestigeträchtigen EU-Förderungsprogramm Starting Grants war Großbritannien 2015 mit 62 Mitteleinwerbungen am erfolgreichsten, das etwa gleich große Italien schnitt mit 22 Bewilligungen deutlich schlechter ab, und Osteuropa war geradezu dramatisch unterrepräsentiert. Die Mannheimer Germanisten Katharina Dück und Albrecht Plewnia, die über die Geschichte der deutschen Wissenschaftssprache seit Leibniz forschen, führen das darauf zurück, dass die Anträge beim European Research Council grundsätzlich auf Englisch formuliert sein müssen. Alle nicht englischsprachigen Wissenschaftler sind heute in der Situation, in der beispielsweise die Russen um 1900 waren: Wenn sie ausschließlich in ihrer Muttersprache publizierten, nähme ihre Forschungen niemand zur Kenntnis.

Wissenschaftliche Terminologie prägt auch die Weltsicht mit. Michael Gordin nennt ein Beispiel dafür. 1783 erfand der französische Chemiker Antoine Laurent de Lavoisier das Wort *oxygen*. Vorangegangen waren in den 1770er Jahren Experimente, die dem Wesen des Verbrennungsprozesses auf den Grund gehen sollten. Man brauchte einen Namen für das neu entdeckte Element, das darin eine entscheidende Rolle spielte. Lavoisier entschied sich für *oxygen*, eine Kombination der griechischen Wörter für »Säure« und »bildend«, weil er fälschlicherweise glaubte, dass das *gaz oxygen* die Substanz sei, die Säuren entstehen lasse. Er hatte selber eine gute Kenntnis der klassischen Sprachen und konnte davon ausgehen, dass auch seine Chemikerkollegen in ganz Europa über eine humanistische Bildung verfügten.

Die Engländer haben das Wort *oxygen* übernommen. Nicht so die Deutschen. Der Schweizer Arzt und Chemiker Christoph Girtanner übersetzte 1791 die beiden Teile des französisch-griechischen Kunstworts als *Sauerstoff*. Nach dem gleichen Muster übertrug er auch das französische *hydrogene* als *Wasserstoff* und – etwas freier – das neulateinische *nitrogenium* als *Stickstoff* ins Deutsche.

Heutzutage werden Wörter wie *Online*, *Aids* oder *Burnout* mitsamt dem wissenschaftlichen Konzept, das dahintersteht, komplett importiert. Und sogar eingedeutschte Begriffe und Abkürzungen werden wieder verdrängt. So hat in den vergangenen Jahrzehnten schleichend und fast unbemerkt der Terminus *DNA* das deutsche *DNS* (für *Desoxyribonukleinsäure*) ersetzt – aus *Säure* wurde *acid*.

Der letzte Walzer

Kolonien müssen nicht unbedingt am anderen Ende der Welt sein. Manchmal liegen sie in der unmittelbaren Nachbarschaft. Nach abweichenden Interpretationen der Geschichte hatte Deutschland keineswegs das drittgrößte Kolonialreich, sondern nur das viertgrößte nach Großbritannien, Russland und Frankreich. Diese Theorie sieht die riesigen russischen Gebiete in Sibirien jenseits des Urals als Kolonien an. Für das zaristische Russland ist denn auch im 19. Jahrhundert der Ausdruck *Völkergefängnis* geprägt worden.

Gegen Ende des 19. Jahrhunderts empfanden auch immer mehr Nationalitäten Österreich-Ungarn als eine Art Kolonialreich, dem sie nur zwangsweise angehörten. Doch um sich wie im Völkergefängnis zu fühlen, muss man erst mal auf die Idee kommen, ein Volk zu sein. Im Reich Kaiser Franz Josephs entstanden die Risse, derentwegen das Land schließlich nach dem Ersten Weltkrieg auseinanderbrach, entlang der Sprachgrenzen. Menschen, die verschiedene Sprachen sprachen, bekamen im Laufe eines Jahrhunderts immer weniger Lust, weiterhin in einem Staat zusammenzuleben – so wie sie es zum Teil seit Jahrhunderten fraglos getan hatten.

Die widersprüchliche Einstellung der Kaiser und ihrer Verwaltungen zu den Idiomen der Völker hatte stark dazu beigetragen, dass diese nur noch ungern in Österreich-Ungarn waren. Der Historiker Peter Haslinger schreibt: »Die Sprachenproblematik stellt aus heutiger Sicht ein zentrales, wenn nicht sogar *das* Problem des Gesamtverbands der Habsburgermonarchie im langen 19. Jahrhundert dar.«

Mitschuldig am langen Reifen des Sprachhasses war ein Preuße. Nachdem Friedrich II. Österreich im Ersten Schlesischen Krieg den größten Teil der reichen Provinz Schlesien abgenommen hatte, leitete die Kaiserin Maria Theresia zahlreiche Reformen ein. Eine davon war die Einführung des Deutschen als Verwaltungssprache auch in nicht deutschsprachigen Gebieten. Je weniger das bis dahin dominierende Latein die Funktion einer überregionalen Lingua franca erfüllen konnte, desto dringender wurde am Hof die Notwendigkeit empfunden, eine gemeinsame, lebende und entwicklungsfähige Sprache an dessen Stelle zu setzen. Sie sollte helfen, die »Staatenverbindung alten Typs«, wie der Historiker Otto Brunner Österreich charakterisiert hat, im Sinne eines modernen Einheitsstaats zu zentralisieren. Die Vorteile beschrieb der Staatskanzler Wenzel Anton Graf Kaunitz-Rietberg 1761 so: »Die Vereinig- und Zusammenziehung der Länder führet sonder Zweifel viel wesentliche Vortheile mit sich, um die Kosten, Arbeiten und Weitlauftigkeiten abzukürzen, nach einerley Grundsäzen zu Werk zu gehen und die Wohlfart des einen durch die Mitwürkung des anderen zu befördern.«

Dazu müsste aber erst mal das österreichische Deutsch verbessert werden. Die süddeutsche Kanzleisprache hatte in den 250 Jahren, die seit Luther vergangen waren, alle modernisierenden Entwicklungen weitgehend ignoriert. Ihre Orthografie war verwildert, ihre Formeln veraltet und ihr Satzbau kompliziert und schwer verständlich. Die Kaiserin ließ die Schriftsprache nach den Ideen des Leipziger Schriftstellers und Grammatikers Johann Christoph Gottsched reformieren.

Maria Theresia ging es aber keineswegs darum, die Völker ihres Reichs zu zwangsgermanisieren. In den Regelschulen wurden weiterhin in den Landessprachen der einzelnen Reichsteile und -gebiete unterrichtet, davon gingen sowohl die »Allgemeine Schulordnung für die deutschen Normal-, Haupt- und Trivialschulen« 1774 als auch die für Ungarn erlassene »Ration Educationis« 1777 aus. Um diese lokalen Sprachen verwaltungstauglich oder gar – wie man heute sagen würde – zukunftsfähig zu machen, begann man, sie wissenschaftlich zu erforschen. Erstmals entstanden Schulgrammatiken für Kroatisch, Polnisch, Slowenisch, Serbisch, Rumänisch und Slowakisch. 1775 wurde der erste Lehrstuhl für Tschechisch an der Universität Wien eingerichtet. Wer bei den Spitzenleuten Kroatisch studieren wollte, der musste das bis zum Ende des k. u. k. Reichs ebenfalls in Wien tun; in Zagreb ging es nicht.

Darüber hinaus wurde von Beamten auch erwartet, dass sie die Sprache des Landesteils, in dem sie tätig waren, beherrschten. Der Historiker Peter Haslinger bringt diese pragmatische Zweigleisigkeit auf den Punkt: »Neben dem Moment der Zentralisierung und Vereinheitlichung lag der habsburgischen Sprachenpolitik auch die Erfahrung zugrunde, dass zur Regelung der Verhältnisse vor Ort, zur Durchsetzung von Eingriffen in die übernommene politische Ordnung und zur Ausbildung von Loyalität die Beherrschung der Sprache der jeweiligen Bevölkerung durch lokale Vertreter der Zentralstaatlichkeit unverzichtbar war.«

Die lokale Sprache allein genügte aber nicht, um Karriere im Beamtenapparat des Habsburgerreichs zu machen. Wer aufsteigen wollte, musste Deutsch können. Man lernte es nun landesweit an den höheren Schulen. Der Vizekanzler der böhmischen Hofkanzlei (also des für die heute zu Tschechien gehörenden Gebiete zuständigen Ministeriums), Tobias Philipp Freiherr von Gebler, begründete den Anspruch an die nicht deutschsprachigen Untertanen damit, dass Deutsch nun mal die Sprache des Souveräns und der Armee sei: »Ein Subjectum, das nur böhmisch und lateinisch kann, wird ein schlechter Gelehrter und für den Staat unbrauchbar werden, und es ist besser, dass solches bei dem Pflug oder einem gemeinen Handwerk bleibe.«

Deutsch war um 1800 im politischen Alltag der östlichen Kronländer ohnehin längst dominierend – in Böhmen etwas weniger, in Mähren und Österreichisch-Schlesien etwas mehr. Der Feldherr Albrecht von Wallenstein, der aus dem tschechischen Adel stammte, ist unter einem deutschen Namen berühmt geworden, ging schon im 17. Jahrhundert nach Nürnberg zum Studieren und schrieb Briefe auf Deutsch.

Durch die zentralisierenden Verwaltungsreformen wurde Deutsch nun auch anderswo immer wichtiger. Nach dem Verlust Schlesiens versetzte man deutschsprachige Beamte aus dieser Region ganz bewusst nach Galizien oder in die Küstenländer der oberen Adria, damit sie dort spracheinigend wirkten. Schlesien galt seit dem Barock als sprachlich vorbildliche Landschaft. Der Grund dafür war das epochemachende »Buch von der deutschen Poeterey« des schlesischen Dichters und linguistischen Reformers Martin Opitz.

Noch forcierter wurde die Expansion der deutschen Sprache, als Maria Theresias Sohn Joseph II. das alleinige Regiment übernahm. Dieser Joseph wird heute gern als »Reformkaiser« verklärt, weil er in seiner relativ kurzen Regierungszeit etliche notwendige Reformen durchsetzte. Aber seine Modernisierungen wurden von den Zeitgenossen oft als Zwangsmaßnahmen empfunden. Auf dem Feld der Sprachpolitik lösten sie erste größere Abwehrmaßnahmen gegen die Verbreitung des Deutschen aus.

Joseph wollte ganz im Sinne aufgeklärter Staatstheorie ein Staatsvolk formen, indem er ihm eine gemeinsame Sprache verordnete. Diese konnte aus seiner Sicht nur die deutsche sein, und er machte sich daran, sie seinen Untertanen zu verordnen. Den Völkern gegenüber begründete er diese Maßnahme mit den vielen Vorteilen, die »dem allgemeinen Beßten zuwachsen, wenn nur eine einzige Sprache in der ganzen Monarchie gebraucht wird, und wenn in dieser allein die Geschäfte besorgt werden, daß dadurch alle Teile der Monarchie fester untereinander verbunden, und die

Einwohner durch ein stärkeres Band der Bruderliebe zu-
sammengezogen werden«.

Der Höhepunkt war 1784, dass der Kaiser Deutsch auch in
Ungarn zur Amtssprache erklärte, also in jenem Landesteil,
wo man bisher am bockigsten der Germanisierung wider-
standen hatte und lieber am Latein als Sprache der Behörden festhielt. Seine Begründung war forsch; Joseph sprach
dem Ungarischen schlicht ab, die Sprache Ungarns zu sein:
»Es ist bekannt, daß die deutsche, und illirische Sprache mit
ihren vielfältigen Dialekten, so auch die wallachische ebenfalls so sehr im Gebrauche ist, daß man die hungarische
keineswegs für die Allgemeine halten könne.« In den Jahren
darauf machte Joseph Deutsch auch in Galizien und in italienischsprachigen Landesteilen zur Gerichtssprache.

Die Ungarn leisteten hartnäckigen, passiven Widerstand
gegen Josephs Maßnahmen. Ursprünglich sollten alle Beamten innerhalb von drei Jahren Deutsch lernen, doch die Fris-
ten mussten mehrfach verlängert werden. Man erregte sich
in Zeitungen und Flugschriften. Das Ergebnis war genau das
Gegenteil von dem, was der Kaiser wollte: Erst durch seine
Politik wurde das Ungarische zum Symbol eines geschärf-
ten Nationalbewusstseins aufgewertet. Nach Josephs Tod
erklärte der ungarische Landtag seinem Bruder und Nachfolger Leopold II., man wolle neben dem Lateinischen lieber
das Ungarische als Verwaltungssprache verwenden.

Nicht nur in Ungarn begann als Reaktion auf Josephs
Edikte der Kampf gegen die Zwangsgermanisierung. In vielen Teilen des Reichs leiteten die regionalen Standesorgane

Maßnahmen zur Aufwertung der jeweiligen Landessprache ein. Dass sich Menschen für sprachpolitische Fragen interessierten, war eine paradoxe Folge der Bildungsoffensive Maria Theresias: Ihre Schulreformen hatten dafür gesorgt, dass mehr Menschen lesen konnten als früher. Seit den 1780er Jahren entstand eine kritische Öffentlichkeit, in der gegen die Dominanz des Deutschen polemisiert wurde. Neben den Ungarn entwickelten gerade die Tschechen einen ausgeprägten Sprachpatriotismus.

Leopold II. und sein Nachfolger Franz II. kamen dem entgegen: Geschwächt von den endlosen Kriegen gegen das revolutionäre Frankreich und den Kaiser Napoleon, relativierten sie Josephs Anordnungen zur deutschen Amtssprache. Später förderte ausgerechnet der konservative Staatslenker Fürst Metternich die nichtdeutschen Sprachen, weil er sich den Nationalismus der vielen österreichischen Völker als Bollwerk gegen das aus Deutschland hinübertönende Revolutionsgeschrei zunutze machen wollte. Zum Begründer der Slawistik in der Habsburgermonarchie wurde ironischerweise Metternichs Hofzensor Jernej Kopitar.

Deutschkenntnisse breiteten sich im 19. Jahrhundert allen Sprachkämpfen zum Trotz immer weiter aus. Schon allein, weil die Hauptstadt, die militärische Kommandozentrale und das industrielle Schwergewicht Österreichs im deutschsprachigen Landesteil lagen und weil von dort Beamte, Offiziere und andere Agenten der Modernisierung in die übrigen Gebiete ausgeschickt wurden. Der Historiker Ignaz Beidtel stellte 1842 in seiner Geschichte Österreichs

»bis auf die neusten Zeiten« befriedigt fest: »Im Ganzen blieben Hof und Staat deutsch, die Germanisierung machte geräuschlose Fortschritte.« Deutsch wurde im nichtungarischen Reichsteil dank seines hohen kulturellen Prestiges zu einer Art »Klassensprache des Bürgertums« – so beschreibt es Peter Haslinger. Die bessere Gesellschaft redete anders als die städtischen Unterschichten und die Landbevölkerung. In Böhmen, Mähren, Ungarn, Slowenien und Kroatien war Deutsch die Sprache der Stadtverwaltungen und Zunftschriften, ohne dass die Sprecher dadurch aufhörten, national gesinnt zu sein. Man distanzierte sich auch auf Deutsch immer mehr von der gesamtösterreichischen Identität.

Die Situation verkomplizierte sich allmählich in den Jahren nach den zunächst niedergeschlagenen Revolutionen von 1848/49: Ungarn wurde 1867 ein selbständiger Reichsteil, in dem Franz Joseph nicht mehr als Kaiser herrschte, sondern als König von Ungarn. Von da an hieß die neue Doppelmonarchie Österreich-Ungarn, es entstand die bis heute bekannte Abkürzung *k. u. k.* für »kaiserlich und königlich«. Österreich wurde auch, vor allem von den Beamten, *Cisleithanien* genannt – also Land diesseits der Leitha. Die Länder der Heiligen Ungarischen Stephanskrone hießen *Transleithanien.* Franz Joseph und seine Gemahlin Elisabeth wurden zum Königspaar Transleithaniens gekrönt. Jedes Jahr hielten sich die beiden einige Wochen in Budapest auf, wo Franz Joseph in ungarischer Sprache und ungarischer Uniform als König mit den ungarischen Ministern konferierte.

Sofort begannen die Ungarn, andere Ethnien, die in ihrem Reichsteil lebten, zwangsweise zu magyarisieren. Dagegen rebellierten wiederum die Slowaken. Sie regelten ihre eigene Sprache erstmals wissenschaftlich und kämpften mittels der Grammatik für ihre nationale Identität.

Bereits 1847/48 hatten die Kroaten ihre Sprache zur einzig zugelassenen in Kroatien-Slawonien erklärt – ebenfalls weniger um das Deutsche abzuwehren, sondern vielmehr als Maßnahme gegen den ungarischen Sprachnationalismus. Mit Deutsch hatte man sich überall arrangiert. Man konnte gut damit leben, es als Zweitsprache benutzen zu müssen. Aber jetzt das Ungarischen aufgezwungen zu bekommen – das mochte keiner ertragen.

In der zweiten Hälfte der 1890er Jahre explodierte der Sprachenneid vielerorts. Sogar die Regierung im cisleithanischen Landesteil stürzte über eine Muttersprachenfrage: Im Cilli, einem Brennpunkt der Nationalitätenkonflikte zwischen Deutschen und Slowenen, wurde an den Gymnasien erstmals Slowenischunterricht eingeführt, nachdem dort bei den Gemeindewahlen 1889 slowenische Kandidaten sehr erfolgreich gewesen waren. Dies und ähnliche Konflikte mit den Tschechen führten 1895 zum Sturz der cisleithanischen Koalitionsregierung unter dem Ministerpräsidenten Alfred III. zu Windisch-Graetz. Ansätze zur Entstehung einer slowenischen Schriftsprache hatte es zwar schon zur Reformationszeit gegeben. Doch es ging hier, wie es in Böhmen mit dem Tschechischen gegangen war: Slowenische Schulen wurden während der Gegenreformation geschlossen, die

Sprache verketzert. Auch als sich im 19. Jahrhundert die Jesuiten ihrer Förderung annahmen und ausgerechnet im heute gar nicht mehr zu Slowenien gehörenden Klagenfurt die slowenische Literatur eine Blüte erlebte, änderte das nichts am Gesamtzustand: Um 1900 hatte Slowenien mit 20 Prozent die höchste Analphabetenrate Österreichs, und die deutschsprachige Bevölkerung tat alles, um die Entstehung einer slowenischsprachigen Mittelschicht zu verhindern.

Im ungarischen Reichsteil lässt sich die Schärfe des Sprachkampfs am besten an der Stadt Pressburg illustrieren. Der tschechische Sozialdemokrat Ivan Derer schreibt in seinen Memoiren, das nur 55 Kilometer von Wien entfernte Pressburg habe lange den Charakter einer überwiegend deutschen Stadt gehabt. »In den 90er Jahren änderte sich das Bild wesentlich. Steigende Magyarisierung und die absichtliche Staatspolitik ungarischer Regierungen drängte die Deutschen aus ihrer führenden Stellung. Als der Erste Weltkrieg ausbrach, war Pressburg schon eine magyarische Stadt. In Behörden, Schulen, in öffentlichen Institutionen gab es fast keine Spur der deutschen Sprache. Nur in den Haushalten und auf der Straße sprachen Deutsche deutsch, in ihrem Geist waren sie schon magyarisiert.« Das Kriegsende und die Auflösung des Reichs vollendeten hier wie an vielen anderen Orten im Osten Österreichs nur, was sich im 19. Jahrhundert längst vorbereitet hatte. Die Ungarn hatten davon allerdings nur kurz etwas. Am Ende des Ersten Weltkriegs kam die Stadt, die von 1536 bis 1783 und 1848 sogar Hauptstadt des Königreichs Ungarn gewesen war, durch

Beschluss der Alliierten zur neu gegründeten Tschechoslowakei. Die Einwohner der Stadt wollten das zwar nicht, aber wir haben ja schon am Beispiel der Südtiroler gesehen, dass das Selbstbestimmungsrecht der Völker auch von den demokratischen Kriegssiegern manchmal missachtet wurde, wenn es diplomatisch opportun war. Heute ist Pressburg, das nun Bratislava heißt, Hauptstadt der seit 1992 unabhängigen Slowakei.

Trotz aller sprachnationalistischen Aufwallungen gab es bis zur Auflösung 1918 in Österreich-Ungarn Institutionen, in denen das Deutsche dominierte und sogar die stolzen Magyaren sich anzupassen hatten – von den slawischen Ethnien, die im Kaiserreich verblieben waren, gar nicht zu reden. Im Wiener Reichsrat wurden nur deutsche Redebeiträge protokolliert. Das führte dazu, dass auch die flammendsten nationalistischen Appelle nichtdeutscher Volksvertreter oft mit einigen wenigen Sätzen auf Kroatisch, Polnisch, Tschechisch, Ruthenisch etc. begannen, dann aber in Deutsch fortgesetzt wurden. Auch in den Delegationen, wo Ungarn und Deutsch-Österreicher gesamtstaatliche Angelegenheiten regelten, wurde auf Deutsch verhandelt.

Bis zuletzt blieb Deutsch auch im Heer Dienst- und Kommandosprache. Allerdings entsprach es dem Ehrenkodex deutschsprechender Offiziere, auch die jeweiligen Idiome der Mannschaften in ihrem Regiment zu beherrschen. In diesen Regimentern, die alle in einer bestimmten Region rekrutiert worden waren, erlaubte man den einfachen Soldaten, in ihrer Landessprache zu kommunizieren. »Elf

Sprachen sind es, die in Verwendung sind«, schildert die Historikerin Tamara Scheer, die die babylonische Vielfalt im k. u. k. Heer erforscht, die Zustände. Eine zwölfte kam nach der Annexion Bosniens hinzu. Man wollte den Soldaten die Möglichkeit geben, sich in ihrer Sprache auszudrücken und ihnen während ihrer dreijährigen Dienstzeit keine andere aufzwingen, erläutert Scheer.

Theoretisch klingt das gut, in der Praxis führte es zu neuen Konflikten. Beispielsweise konnte sich von Jahr zu Jahr ändern, ob ein Regiment in Galizien nun Polnisch oder Ruthenisch sprach. Denn jährlich wurden die Sprachenanteile neu erhoben. Je nachdem, ob ein national gesinnter Pole oder ein national gesinnter Ruthene die Erhebung durchführte, kam etwas anderes heraus. Wie das funktionierte, erläutert Scheer so: »Da wurden dann die Juden, die Jiddisch sprachen – welches nicht als Regimentssprache vorgesehen war –, den Polen oder den Ruthenen zugerechnet.« Problematisch war das System der linguistischen Schubladisierung auch in anderen Gegenden: Wer im zweisprachigen Mähren angab, von beiden Sprachen öfter Tschechisch zu sprechen, der kam in ein tschechisches Regiment und wurde somit zum Tschechen gemacht. Während sein Freund oder sein Bruder in ein deutsches Regiment kam und zum Deutschen gemacht wurde.

1914 wird die Zugehörigkeit zu einer bestimmten Sprachgemeinschaft entscheidend: »Mit dem Beginn des Krieges werden Sprachen und ihre Sprecher in loyal und illoyal eingeteilt«, erklärt Tamara Scheer. Anschaulich wird die

Atmosphäre, in der das vor sich geht, durch eine grausam-komische Szene in Joseph Roths Roman »Radetzkymarsch«: Die Offiziere in einer abgelegenen Garnison an der russischen Grenze haben soeben die Nachricht bekommen, dass der Thronfolger Franz Ferdinand und seine Gemahlin in Sarajewo ermordet worden sind. Angesichts der Möglichkeit eines Krieges und des Kollaps des morschen alten Reichs brechen plötzlich die durch Disziplin und Kastengeist übertünchten Konflikte unter den Männern auf. Der slowenische Rittmeister Jelacich, dessen Familie seit 150 Jahren treu der Habsburgermonarchie dient, aber dessen Söhne schon slawisch-nationalistische Pamphlete lesen, versteht als einziger nichtmagyarischer Offizier, wie sehr die Ungarn den Ermordeten schmähen. Er tritt an den Tisch, schlägt mit der flachen Hand auf die Platte und fordert: »Wir bitten die Herren, die Unterhaltung auf Deutsch fortzusetzen.« Sein Offizierskollege Benkyö antwortet: »Ich will es auf Deutsch sagen: Wir sind übereingekommen, meine Landsleute und ich, dass wir froh sein können, wann das Schwein hin is'!«

Ein weiteres Problem ergab sich aus der Mobilität, die der Große Krieg erzwang. Solange ein Regiment im Frieden in Galizien stationiert blieb, war es kein Problem, wenn die Soldaten nur Ruthenisch sprachen. Der Krieg erzwang aber Einsätze in allen Teilen des Reiches – die Fronten lagen auch in Serbien und Italien. Wenn ethnisch unterschiedliche Regimenter zusammen kämpften, war die babylonische Sprachverwirrung mehr als hinderlich. Wie Tamara Scheer beschreibt, reagierten die Soldaten darauf pragmatisch mit der Schöpfung eines »Armee-Slawisch«, das auch viele Deutsche, Ungarn, Italiener und Rumänen beherrschten.

Der Krieg ging trotz solcher Improvisationskunst verloren. Und mit ihm die jahrhundertelange Vorherrschaft des Deutschen in Österreich-Ungarn. Geblieben ist davon heute nur noch eine Reihe deutscher Lehnwörter, eingemeindet in die Sprachen der Nationen, die aus den Trümmern des Reichs entstanden. Diese Entlehnungen erkennt man als Hochdeutsch sprechender Norddeutscher allerdings nicht unbedingt, weil sie aus bairischen Mundarten stammen. »Bairisch« nennen Sprachwissenschaftler eine Gruppe von im östlichen Alpenraum gesprochenen Varianten des Deutschen, zu denen nicht nur das Bayerische, sondern auch die meisten Dialekte Österreichs gehören. Ein Handbesen heißt auf Ungarisch *partvis*, auf Serbokroatisch *portviš* und auf Slowakisch *bortviš* – alles geht zurück auf die bairische Bezeichnung *Bartwisch*: »Besen mit Borsten«. Und die Variationen des Wortes *Sparherd* bezeichnen nicht nur in den schon genannten Sprachen des ehemaligen k. u. k. Herrschaftsgebiets allgemein einen Herd, sondern auch in einigen norditalienischen Dialekten: im Friaul ist er ein *spolert*, in Grado ein *spagar* und in Triest ein *spacher*.

Wie der Sprachenstreit das gesamtösterreichische Nationalgefühl immer mehr zerstörte und das Land nur noch mühselig durch die Person des von allen Völkern verehrten Kaisers Franz Joseph zusammengehalten wurde, kann man exemplarisch an der Jugendzeit des »Radetzkymarsch«-Autors Joseph Roth nachvollziehen. Geboren wird er 1894 im galizischen Brody an der Grenze zum russischen Wolhynien. Ab 1905 besucht er dort das Gymnasium, neben dem in Lemberg die einzige Oberschule Galiziens, in dem die Unterrichtssprache Deutsch ist. Daneben spricht Roth auch Jiddisch, das Idiom seiner Vorväter, sowie Polnisch und ein bisschen Ukrainisch. Sein Jahrgang ist der letzte des Kronprinz-Rudolf-Gymnasiums, der auf Deutsch unterrichtet wird. Bereits dem nächsten werden die Schulstunden nur noch in polnischer Sprache erteilt.

Man darf, so kurz vor dem Ersten Weltkrieg, nicht mehr einfach Staatsbürger Österreich-Ungarns sein. Man wird gezwungen, sich für eine Nation zu erklären. Der zwei Jahre jüngere Bruno Schulz, der im benachbarten Drohobytsch aufwächst, entscheidet sich für Polen. Sein Unterricht am Drohobytscher Franz-Joseph-Gymnasium fand auf Polnisch statt, seine Erzählungen schreibt Schulz später auf Polnisch – obwohl er auch ein ausgezeichnetes Deutsch spricht.

Roth dagegen wird zum flammenden Apologeten der deutsch-österreichischen Kultur. Als Gymnasiast berauscht er sich an Hölderlin und Heinrich Heine und lernt Goethes »Faust« auswendig. »Erhabenheit, Anmut und Adel« sind es, was ihn daran anzieht. Seine Liebe zur deutschen Klassik ist auf tragische Weise typisch für das assimilierte Judentum in Deutschland und eben auch Österreich. Nach dem Krieg schreibt er Romane wie »Radetzkymarsch« und »Die Kapuzinergruft«, in denen er das untergegangene Reich Franz Josephs melancholisch verklärt.

Die Juden waren eben nicht – wie Hitler später fantasierte – die Feinde des Deutschtums, sondern sie waren in ihrer überwältigenden Mehrheit in einer unglücklichen Liebe zur deutschen Kultur befangen. Noch 1927 beschreibt Roth diese paradoxe Sehnsucht so: »Dem Ostjuden ist Deutschland immer noch das Land Goethes und Schillers, der deutschen Dichter, die jeder lernbegierige jüdische Jüngling besser kennt als unser hakenkreuzlerischer Gymnasiast.« Doch da war das bereits eher eine melancholische Rückprojektion, eine Erinnerung an die Zeit, als der Kampf um die deutsche Sprache in den nun verlorenen slawischen Gebieten des alten Österreich-Ungarn noch nicht entschieden zu sein schien und der sehr junge Roth als »lernbegieriger jüdischer Jüngling« mitkämpfte, indem er die Klassiker auswendig lernte.

An den Juden hatte es also gewiss nicht gelegen, dass das Reich auseinandergefallen und die deutsche Kultur auf den kleinen österreichischen Reststaat reduziert worden war. Im vom Nationalitätenhass zerfressenen Wiener Reichsrat gab es bis zum Kriegsende 1918 nur eine Gruppe, die sich als Deutsche empfand – egal aus welchem Reichsteil sie stammte – und immer bereit war, mit den Deutschen zu stimmen: die Juden. Wenn irgendwo in den entlegensten mehrheitlich slawischen Kronlanden des Reiches eine prachtvolle, viel gelesene Goethe-Ausgabe in den Regalen stand oder der Klavierauszug einer Wagner-Oper auf dem Flügel lag, dann konnte man fast sicher sein, sich im Hause einer jüdischen Familie zu befinden. Stefan Zweig schrieb nach Joseph

Roths Tod rückblickend: »Gerade in Österreich konnte man unwidersprechlich gewahren, daß in all jenen Randgebieten, wo der Bestand der deutschen Sprache bedroht war, die Pflege der deutschen Kultur einzig und allein von Juden aufrechterhalten wurde.«

Das war 1939. Kurz darauf machten sich die mittlerweile erwachsen gewordenen »hakenkreuzlerischen Gymnasiasten«, die Roth 1927 verspottet hatte, auf, um den Osten Europas zu erobern und die nach dem Ersten Weltkrieg entstandene Ordnung Europas zu zerstören. Am Ende ihres größenwahnsinnigen und mörderischen Unternehmens gab es dort beinahe keine Juden und auch keine Deutschen mehr.

Als Franz Kafka Tscheche wurde

Bei den Simpsons gibt es eine Halloween-Geschichte, deren gruselige Handlung von Franz Kafkas »Die Verwandlung« inspiriert ist. Papa Homer verwandelt sich darin in ein Insekt. Am Schluss der Story erscheint ein Schild, auf dem das Wort *konec* steht, tschechisch für: »Ende«. Autor und Zeichner gingen offenbar selbstverständlich davon aus, dass ein Schriftsteller, der in Prag lebte, auf Tschechisch geschrieben hat. Woher sollten sie es auch besser wissen? Die verwickelte Geschichte mitteleuropäischer Nationalitätenkonflikte und verschobener Sprachgrenzen gehört nicht zu den Kernthemen amerikanischer Highschools.

Dabei war Prag jahrhundertelang auch eine deutschsprachige Stadt. Die unter dem Habsburgerkaiser Karl IV. 1348 gegründete Universität in der damaligen Hauptstadt des Heiligen Römischen Reichs zog überwiegend deutschsprachige Studenten und Lehrer an – Unterrichtssprache war allerdings Latein. Als Karls Sohn Wenzel IV. sich die Bibel aus dem Latein in die Volkssprache übersetzen ließ, war Letztere nicht Tschechisch, sondern Deutsch. Die Wenzelsbibel entstand zwischen 1389 und 1395, etwa 130 Jahre vor Luthers

Übersetzung. Vom 17. bis ins 19. Jahrhundert galt das Prager Deutsch als besonders rein und vorbildlich.

Zwar kam es unter dem Einfluss des Kirchenreformers Jan Hus und seiner hussitisch gesinnten Nachfolger schon im 15. Jahrhundert zu einem Aufschwung der tschechischen Sprache und zu Maßnahmen, die das böhmische Element in der Stadt und der Universität stärkten. Die deutschen Professoren und Studenten zogen daraufhin ab und gründeten die Uni Leipzig. Doch nach der öffentlichen Verbrennung von Jan Hus, dem Ende des Hussitenkriegs, der Niederlage der böhmischen Stände im Dreißigjährigen Krieg, der Rekatholisierung und weiteren Zwangsmaßnahmen der erneut fest im Sattel sitzenden Habsburgerherrscher stieg der Gebrauch des Deutschen wieder an. Tschechisch wurde nun als ketzerisch diffamiert. 1784 wurde Deutsch zur Hauptunterrichtssprache der Prager Universität erklärt.

Auch dies ging auf eine Verordnung Kaiser Josephs II. zurück, von dessen Germanisierungsbestrebungen schon im Österreich-Ungarn-Kapitel zu lesen war. Als er am Ende des 18. Jahrhunderts dem ganzen Reich das Deutsche als Einheitssprache aufzwingen wollte, wies der schon erwähnte Vizekanzler der böhmischen Hofkanzlei, Tobias Philipp Freiherr von Gebler, zwar den Vorwurf zurück, »die böhmische Sprache eliminieren zu wollen«. Doch er meinte, es könne verlangt werden, dass alle Untertanen Deutsch lernten, sei dies doch die Sprache des Souveräns und der Armee.

Das Tschechische war bereits vorher ziemlich zurückgedrängt. In den drei böhmischen Ländern Böhmen, Mähren und Österreichisch-Oberschlesien benutzten die Behörden längst überwiegend das Deutsche. Nur in Böhmen wurde Tschechisch überhaupt noch in nennenswerter Weise verwendet. Bei mährischen Ämtern war es fast gar nicht mehr im Gebrauch. Als Maria Theresia in Brünn ein auch auf Tschechisch verhandelndes Ober- und Appellationsgericht einrichten wollte, meldeten die Landesbehörden, bis auf einen einzigen Beamten sei »kein Subjectum subalternum vorhanden, welches der boheimischen Sprache so kündig wäre, um aus böhmischen Actia ein Argumentum zu ziehen«. Maria Theresia ordnete daraufhin in einem Hofdekret an, die deutsche Sprache zu verbreiten und nur Lehrer anzustellen, die ihrer mächtig seien. Andererseits mühte sie sich, der tschechischen Sprache aufzuhelfen. 1778, drei Jahre nach der Einrichtung des ersten Wiener Tschechisch-Lehrstuhls, wurde die Sprache im Unterricht adeliger Stifte in Wien und Brünn eingeführt.

Die zum Teil widersprüchlichen Maßnahmen Maria Theresias und ihres Sohnes befeuerten den Sprachenstreit wieder, der in Böhmen und Mähren schon länger schwelte. Seitdem Jan Hus der tschechischen Sprache einen spirituellen Wert zuerkannt und wesentlich dazu beigetragen hatte, sie zur Schriftsprache weiterzuentwickeln, hatte es immer wieder nationalistisch gefärbte Propaganda gegeben, die die Pflege des Tschechischen anmahnte. Doch das blieb politisch ohne große Wirkung. Erst als während der napoleonischen Kriege überall in Europa das Nationalbewusstsein der Völker erregt wurde, kam es auch in Böhmen und Mähren zu einer ganz neuen Entwicklung: Die neuen Ideen ließen nur noch denjenigen als Angehörigen des böhmischen Volkes gelten, der die Sprache beherrschte. Umgekehrt hatten die Tschechen kein Interesse mehr, als Deutsche angesehen zu werden: 1848 wollten tschechische Wahlkreise der österreichischen Monarchie keine Abgeordneten in das Revolutionsparlament in der Frankfurter Paulskirche entsenden, weil sie sich Böhmen und Mähren nicht als Teile eines geeinten Deutschlands vorstellen konnten.

Es ging im gesamten 19. Jahrhundert, wie auch sonst in Österreich immer wieder hin und her zwischen Tschechen und Deutschen, und nach jeder sprachpolitischen Reform und ihrer Rücknahme standen sich die Opponenten unversöhnter gegenüber. Ein Dekret, das 1816 das Tschechische als Unterrichtssprache auch an Mittelschulen zugelassen hatte, wurde 1822 von Kaiser Franz II. schon wieder aufgehoben. Dennoch gab die aus dem Geist der Romantik und ihrer Verherrlichung der Nationalpoesien der Völker geborene linguistische Forschung dem Tschechischen neuen Auftrieb. Mit diesem wissenschaftlichen Rückenwind suchte der Volksaufklärer František Cyril Kampelík 1845 noch einmal die Idee zu beleben, dass im Habsburgerreich die Sprachen vieler Völker gleichberechtigt nebeneinander existieren könnten. In seiner Schrift »Über die Rechte der böhmischen Sprache und Nationalität, gegründet auf die strengen Befehle unserer gerechten Herrscher« vertrat er die Idee einer Koexistenz der Nationen innerhalb des allmählich auseinanderdriftenden österreichischen Staates, weil »die vollkommene Achtung jeder Nationalität die glücklichste Fundamentalidee der österreichischen Staatsverwaltung bildet, welche die heterogensten Bestandteile zu einem Ganzen ausgebildet hat, was andere Staaten mit ihrem Centralisationssystem nicht zustandebringen konnten«.

Dieser Grundgedanke sprachlicher Gleichberechtigung fand sich in den Verfassungen und Verfassungsentwürfen der Revolutionsjahre 1848/49 wieder. Sogar die oktroyierte Verfassung, die Franz Joseph I. am 4. März 1849 in Olmütz, wohin der Hof vor den Wiener Aufständischen geflohen war, als gegenrevolutionäre Maßnahme erließ, musste in zehn Sprachen veröffentlicht werden. Zwar wurde Franz Josephs Verfassung zwei Jahre später wieder von ihm selbst zurückgenommen, doch das Beharren der Sprachnationalisten überall im Reich auf Gleichberechtigung oder gar Bevorzugung ihrer Idiome ließ sich nicht unterdrücken. 1865 schrieb der ehemalige Revolutionär František Palacký in der tschechischsprachigen Zeitschrift »Narod« (»Das Volk«), es sei politisch ungeschickt und verletzend, wenn den Slawen und Rumänen immer wieder gesagt werde, Deutsche und Ungarn seien ihnen kulturell überlegen und »ihr müßtet auch unsere Sprache lernen, da ihr wohl wißt, daß ihr ohne ihre Kenntniß nicht einmal Amtsschreiber oder Korporäle werden könntet; eure ungeschliffene und arme Sprache paßt gar nicht in höhere gebildete Sphären«.

Groß war die Enttäuschung der Tschechen, als ihre Loyalität zu Österreich im Krieg von 1866 nicht belohnt wurde, indem man sie mit den Deutschen und Ungarn der Monarchie gleichstellte. 1888 wurde immerhin die Prager Universität in eine tschechische und eine deutsche Sektion geteilt. Hier wie in fast allen anderen Städten Böhmens und Mährens nahm der Anteil tschechischsprachiger Bürger als Folge der Industrialisierung zu, weil Arbeitskräfte vom Lande in die Städte zogen.

1891 beschloss der Prager Gemeinderat daraufhin eigenmächtig, dem Beispiel der Ungarn zu folgen. Man ließ alle deutschen Aufschriften in der Stadt entfernen, um den tschechischen Charakter der Landeshauptstadt zu wahren. Auch in diesen Konflikten standen die Juden treu auf Seiten des Deutschen, das sie längst als ihre Nationalsprache empfanden. Eine antisemitische Karikatur illustriert den Kampf um die Benennung eines der prestigeträchtigsten Boulevards. Links streitet ein Ritter in glänzender Rüstung auf einem edlen Ross, auf dessen Schild der Straßenname »Na příkopě« prangt. Von rechts kommt ihm ein Zivilist mit Kapitalistenzylinder entgegen, der eine Keule schwingt und ein Schild mit der Aufschrift »Graben« trägt. Der Mann und sogar sein klappriger Gaul sind krummnasig, in die Satteldecke ist ein Davidstern eingestickt.

Gehetzt wurde gegen Juden aber auch von der anderen Seite: Die deutschnationale Bewegung um Georg von Schönerer, die auf der Basis ihres 1882 verabschiedeten »Linzer Programms« für den Anschluss der deutschsprachigen Teile der Habsburgermonarchie an das Deutsche Reich kämpfte, richtete sich gegen Slawen und Juden gleichermaßen. Der junge Adolf Hitler übernahm einige ihrer Gedanken.

Der Ministerpräsident Österreichs, Graf Kasimir Felix von Badeni, kam den tschechischen Wünschen 1897 ein wenig entgegen, indem er in Böhmen und Mähren Beamte verpflichtete, beide Landessprachen zu beherrschen. Bis 1901 sollten sie das mit einer Sprachprüfung nachweisen. In den 77 deutschsprachigen Gerichtsbezirken (von insgesamt 216) brachen daraufhin Krawalle aus, denn die deutschen Beamten konnten nur selten Tschechisch und befürchteten, sogar in den rein deutschsprachigen Gebieten durch zweisprachige Tschechen ersetzt zu werden. Eine Wiener Polizeichronik notierte: »Im alten nationalen Kampfe zwischen Deutschen und Slawen lösten die Versuche Badenis, den Slawen Vorrechte einzuräumen, gewaltige, den Staat bis ans Mark erschütternde Vulkanausbrüche aus. Wache mußte in aufreibendem und opfervollem Kampfe die Ruhe herstellen.« In Prag verhängte Kaiser Franz Joseph gar das Standrecht, Badeni wurde entlassen.

Die Tschechen sind für den Bezirkshauptmann von Trotta in Joseph Roths »Radetzkymarsch« folgerichtig der Inbegriff all dessen, was das Kaiserreich von innen her zerfrisst:

Es war dem Bezirkshauptmann, als bestünde plötzlich die ganze Welt aus Tschechen: einer Nation, die er für widerspenstig, hartköpfig und dumm hielt und überhaupt für die Erfinder des Begriffes Nation. Es mochte viele Völker geben, aber keineswegs Nationen. Und außerdem kamen verschiedene, kaum verständliche Erlässe und Verfügungen

der Statthalterei betreffend eine gelindere Behandlung der
»nationalen Minoritäten«, eines jener Worte, die Herr von
Trotta am tiefsten haßte. Denn »nationale Minoritäten«
waren für seine Begriffe nichts anderes als größere Gemein-
schaften »revolutionärer Individuen«. Ja, er war von lauter
revolutionären Individuen umgeben. Er glaubte sogar zu
bemerken, daß sie sich in einer widernatürlichen Weise
vermehrten, in einer Weise, wie sie dem Menschen nicht
entspricht. Es war für den Bezirkshauptmann ganz deut-
lich geworden, daß die »staatstreuen Elemente« immer un-
fruchtbarer wurden und immer weniger Kinder bekamen,
wie die Statistiken der Volkszählungen bewiesen, in denen
er manchmal blätterte.

Angesichts all dieser giftigen Gärungen war es kaum überraschend, dass die Tschechen und Slowaken 1918 beim
Wort nahmen, was der amerikanische Präsident ihnen in
seinem 14-Punkte-Programm für die Nachkriegsordnung
Europas versprochen hatte. Punkt 10 lautete: »Den Völkern
Österreich-Ungarns, deren Platz unter den Nationen wir
geschützt und gesichert zu sehen wünschen, sollte die frei-
este Gelegenheit zu autonomer Entwicklung zugestanden
werden.« Im Oktober 1918 erklärte der tschechoslowakische
Staat mit der Hauptstadt Prag seine Unabhängigkeit.

Im neuen Staatsgebilde wurden die Deutschen nun zu
einer der »Minoritäten«, die dem Bezirkshauptmann von
Trotta so ein Gräuel gewesen waren. Sie zählten 3 123 624
Köpfe, machten 23,36 Prozent der Gesamtbevölkerung aus.

Diese nun bald »Sudentendeutsche« genannten Menschen hatten das nicht gewollt. Ende Oktober 1918 erklärten sie noch durch ihre Vertreter im Wiener Reichsrat den Beitritt zum restlichen deutschsprachigen Österreich. Aber hier zählte – wie in Südtirol – nicht der Mehrheitswille der überwiegend von Deutschen besiedelten östlichen Randgebiete, sondern das, was 1919 im Vertrag von Saint-Germain zwischen den siegreichen Entente-Mächten Frankreich und Großbritannien sowie der Tschechoslowakei vereinbart wurde. Der neue Staat wäre ohne die stärker industrialisierten Landesteile wohl nicht lebensfähig gewesen. Und die Alliierten brauchten die tschechoslowakischen Legionen, die schon im Krieg auf ihrer Seite gekämpft hatten, auch weiterhin – nun für den Kampf gegen die Bolschewiki in Russland.

Die junge Tschechoslowakei war ein demokratischer Rechtstaat. Zwar gab es in Prag 1920 antideutsche Ausschreitungen – bei denen bezeichnenderweise wieder vor allem Juden und jüdische Institutionen angegriffen wurden. Doch die Deutschen genossen formal Minderheitenschutz und individuell waren sie gleichberechtigte Staatsbürger. Franz Kafka, der auch gut Tschechisch sprach, behielt seine Stellung als Inspektor in der Arbeiter-Versicherungs-Anstalt und wurde sogar befördert. In amtlichen Schreiben auf Tschechisch nannte er sich František Kafka. Deutsche Kultur war in der Tschechoslowakei weiterhin präsent, sogar in der Hauptstadt: Deutsche Zeitungen erschienen dort, bis 1938 bestand das Deutsche Theater, noch in den dreißiger Jahren kamen in Prag die letzten beiden Bände der sechsteiligen von Max Brod herausgegebenen Kafka-Gesamtausgabe heraus. Und nach 1933 wurde die Stadt zu einem Zufluchtsort für von den Nazis vertriebene Exilanten aus Deutschland.

Dennoch fühlten sich die Sudetendeutschen politisch und wirtschaftlich benachteiligt. Kräfte, die bereit waren, sich im neuen Staat zu arrangieren, konnten sich nicht durchsetzen gegen radikale Kräfte wie die Sudetendeutsche Heimatfront oder die Deutsche Nationalsozialistische Arbeiterpartei unter Konrad Henlein. 1938 erzwang Hitler mit dem Münchner Abkommen den Anschluss der sudetendeutschen Gebiete an das Deutsche Reich. 70 000 dort lebende Tschechen mussten fliehen. 1939 wurde der restliche tschechoslowakische Staat ebenfalls besetzt und zum »Protektorat Böhmen und Mähren« erklärt. Die bald einsetzende gnadenlose Germanisierungspolitik erzwang die Schließung tschechoslowakischer Schulen und Universitäten. Widerstand dagegen wurde mit Verhaftungen und Erschießungen beantwortet.

1945 schlug das Pendel wieder in die andere Richtung aus. Im Mai, sofort nach seiner Rückkehr aus der Sowjetunion, erklärte der wieder als Staatspräsident eingesetzte Edvard Beneš unter dem Jubel einer riesigen Volksmenge in Prag: »Es wird notwendig sein, insbesondere kompromisslos die Deutschen in den tschechischen Ländern und die Ungarn in der Slowakei völlig zu liquidieren, soweit diese Liquidierung im Interesse des einheitlichen Nationalstaates der Tschechen und Slowaken überhaupt nur möglich ist. Unsere Losung muss es sein, unser Land kulturell, wirtschaftlich und politisch endgültig zu entgermanisieren.« Bereits 1943 hatte er in einer Rundfunkansprache aus London angekündigt: »In unserem Land wird das Ende dieses Krieges mit Blut geschrieben werden. Den Deutschen wird mitleidlos und vervielfacht all das heimgezahlt werden, was sie in unseren Ländern seit 1938 begangen haben. Die ganze Nation wird sich an diesem Kampf beteiligen, es wird keinen Tschechoslowaken geben, der sich dieser Aufgabe entzieht, und kein Patriot wird es versäumen, gerechte Rache für die Leiden der Nation zu nehmen.«

Auf der Potsdamer Konferenz, die am 2. August 1945 endete, stimmten die drei alliierten Siegermächte USA, Großbritannien und UdSSR dem »Transfer« der Sudetendeutschen in »ordnungsgemäßer und humaner Weise« zu. Als »Kollaboranten und Verräter« sollten sie entschädigungslos enteignet werden. Es begann das, was als »Vertreibung« jahrzehntelang die Erinnerungskultur und Politik der jungen Bundesrepublik prägen sollte. Am Ende war die seit dem Mittelalter in Böhmen existierende deutschsprachige Kultur ausgelöscht. Ein amerikanischer Comiczeichner besiegelte das ahnungslos und ungewollt noch einmal, indem er 50 Jahre später das Wort *konec* ans Ende einer Kafka-Simpsons-Geschichte setzte.

Wie Polen verloren ging

Wo es ein Ostpreußen gab, muss es auch ein Westpreußen gegeben haben. Bis 1919 existierte tatsächlich eine preußische Provinz dieses Namens. Sie ist viel gründlicher in Vergessenheit geraten als ihr östliches Gegenstück, weil sie schon nach dem Ersten Weltkrieg von Deutschland abgetrennt wurde. Zuvor hatte sie knapp 150 Jahre erst zum Königreich Preußen und dann zum Deutschen Reich gehört.

Das war ein Ergebnis der ersten und zweiten Teilung Polen-Litauens in den Jahren 1776 und 1793. Damals teilten die benachbarten Großmächte Preußen, Russland und Österreich den bis dahin selbständigen Doppelstaat unter sich auf. Das Kulmerland, Pomesanien, Pommerellen sowie Teile Großpolens kamen zu Preußen. Friedrich der Große legte fest, dieses neu erworbene Gebiet solle fortan Westpreußen heißen. Das eigentliche alte Preußen, das nach dem dort ursprünglich beheimateten baltischen Volksstamm der Pruzzen benannt war, hieß von nun an Ostpreußen.

Man muss sich das nicht so vorstellen, dass Gebiete, die schon seit Ewigkeiten polnisch waren und in denen nie zuvor ein Deutscher gelebt hatte, plötzlich unter preußische

Verwaltung kamen. Vor allem die Städte dort waren seit der großen Ostwanderung im späten Mittelalter deutsch. Zunächst hatte das Gebiet dem Staat des Deutschen Ordens gehört, mit dem Kulmerland als Kern. Das dort 1231 durch Hermann von Balk, dem Landmeister des Deutschen Ordens für Preußen, auf dem rechten Ufer der Weichsel gegründete Thorn war die älteste Stadt dieses eigentlichen Preußens.

Im frühen 15. Jahrhundert sagten sich einige Gebiete vom Deutschorden los und stellten sich als sogenannter Preußischer Bund freiwillig unter polnische Oberhoheit, bei weitgehender Autonomie. 1466 kam auch der Rest des späteren Westpreußen dazu. Der Orden behielt nur Ostpreußen. Das sogenannte Preußen Königlichen Anteils huldigte zwar dem polnischen König, blieb jedoch verfassungsmäßig weitgehend unabhängig.

Erst 1569 wurden die Autonomiestatuten Westpreußens von König Sigismund II. August aufgekündigt; er zwang die dortigen Bürger, Untertanen Polen-Litauens zu werden. Das Gebiet wurde polnische Provinz. Seine Bewohner empfanden das größtenteils als Fremdherrschaft. Nicht zuletzt deshalb, weil die Annexion mit einer gewaltsamen Rekatholisierung einherging, deren brutale Zwangsmaßnahmen bis ins 18. Jahrhundert andauerten. 1724 ließ August der Starke von Sachsen, der auch König von Polen war, den Bürgermeister und mehrere Bürger von Thorn hinrichten, nachdem protestantische Gymnasiasten ein Jesuitenkloster verwüstet hatten. Der Tumult war eine Reaktion auf den starken ge-

genreformatorischen Druck, der der Stadt auferlegt worden war, seitdem August der Starke zum Katholizismus konvertiert und katholischer König von Polen geworden war. Jesuiten kamen nach Thorn und nahmen eine vorher evangelische Hauptkirche in Besitz, eine weitere ging an die Benediktinerinnen, und eine starke polnische Garnison wurde in die Stadt versetzt. Am Tag nach der Hinrichtung ging auch die letzte protestantische Kirche in den Besitz des Franziskanerordens über. Das »Blutgericht von Thorn« erregte ganz Europa, aber noch 1741 wurde in Lobsens (heute Łobżenica) die evangelische Kirche zerstört und der Pfarrer geriet in Lebensgefahr. Preußen nutzte die Angst und Wut der westpreußischen Protestanten, um für den Anschluss an das Königreich Friedrichs II. zu werben. Und noch Ende des 18. Jahrhunderts rechtfertigte Voltaire die Teilung Polens mit dessen religiöser Intoleranz, als dessen grässlichstes Beispiel er das »Blutgericht von Thorn« nannte.

Als Friedrich II. und sein Nachfolger Friedrich Wilhelm II. Westpreußen annektiert hatten, drehten sie nicht sogleich den Spieß um und versuchten die polnischstämmige Bevölkerung dort zu Deutschen und Protestanten zu machen. Die allmähliche Germanisierung war zunächst nur ökonomisch und sozial bedingt. Deutsch war die Sprache der Städte, der Wirtschaft und der Gebildeten. Dennoch hielt sich Polnisch als entwickelte Schriftsprache und Symbol der nationalen und religiösen Zugehörigkeit. Schneller verschwanden das Pomoranisch-Kaschubische an der Grenze zwischen Pommern und dem nordwestlichen Ostpreußen und das Masurische im südlichen Ostpreußen. Ihre Sprecher gehörten überwiegend zur nicht alphabetisierten Landbevölkerung, es gab bestenfalls einzelne religiöse Schriften, die in dieser Sprache verfasst waren und die diese also ein Stück weit konservierten.

Seit den dreißiger Jahren des 19. Jahrhunderts wurde in Westpreußen genauso wie in der Provinz Posen, die nach der Polnischen Teilung 1815 zu Preußen gekommen war, und in Schlesien eine aggressive Germanisierungspolitik eingeleitet. Einsprachige polnische Beamte wurden ausgeschaltet, deutschsprachiger Schulunterricht wurde überall obligatorisch. In den Gerichten dominierte das Deutsche.

In den reaktionären Jahren nach der gescheiterten Revolution 1848, die kurzzeitig einige Bestimmungen zum Schutz ethnischer Minderheiten in die Reichsverfassung gebracht hatte, verschärfte sich der Gegensatz in allen ehemals polnischen Gebieten. Nun wurde »die Sprachenfrage eindeutig und hochoffiziell als Frage der politischen Gesinnung aufgefasst«, schreibt Helmut Glück in seiner Monografie über den linguistischen Kolonialismus in den preußischen Ostprovinzen.

Die Situation eskalierte nach der Reichsgründung 1871. Bisher war von den polnischen Untertanen nur dynastische Treue zum preußischen König erwartet worden, jetzt waren sie plötzlich Bürger des Deutschen Reichs, das sie gemäß der modernen Vorstellung, dass ein Volk alle Sprecher einer Sprache umfasse, brutal assimilieren wollte.

Neue Gesetze drängten das Polnische immer mehr aus den Schulen, bis es am Ende nur noch die Sprache des Religionsunterrichts war. Da in Posen und Westpreußen die Grenzen zwischen den christlichen Konfessionen identisch mit den Nationalitätengrenzen waren, wurde in dieser Situation die katholische Kirche immer mehr zur Stütze des polnischen Volksbewusstseins. Mit ihr im Bund waren auch intellektuelle Kreise, die gegen den deutschen Sprachzwang opponierten.

Das half zunächst wenig. 1876 wurde das Deutsche zur einzigen Geschäftssprache aller Behörden erklärt. Gerichtsprozesse konnten bei Angeklagten, die nur Polnisch sprachen, in deren Abwesenheit fortgeführt werden. 1885 wurden in einer Nacht-und-Nebel-Aktion 48 000 Polen mit – wie es hieß – »ungeklärter Staatsangehörigkeit« aus Westpreußen und Posen vertrieben; es war die erste nicht religiöse, große Vertreibung der Neuzeit. Der spätere Reichskanzler Bernhard von Bülow wünschte gar einen Krieg herbei, denn dieser werde die Gelegenheit bieten, »in unseren polnischen Landesteilen die Polen en masse zu exmittieren«. Bis 1914 wurden auch zahlreiche Ortsnamen in den preußischen Ostprovinzen germanisiert.

Das alles war auch eine Reaktion auf den Druck, unter dem das Deutschtum in den neuen Gebieten stand. Die deutschstämmige Bevölkerung war durch Wegzug sowie niedrige Geburtenraten im Schwinden begriffen, und so wuchs der Anteil der Polen. Das Ansiedlungsgesetz von 1886 sollte das ändern. Es sah vor, dass eine Kommission von verschuldeten polnischen Grundbesitzern Land kaufen und an Neusiedler verteilen sollte. Der Erfolg war gering. Nach der offiziellen preußischen Nationalitätenstatistik nahm zwischen 1890 und 1910 nur der Anteil der nichtdeutschen Bevölkerung zu.

Flankiert wurden alle staatlichen Maßnahmen zur Germanisierung von der Agitation des 1884 in Posen gegründeten Deutschen Ostmarkenvereins. Punkt 1 seiner Satzung formulierte: »Ziel des Vereins ist Kräftigung und Sammlung des Deutschtums in den mit polnischer Bevölkerung durchsetzten Ostmarken des Reichs und Hebung und Befestigung deutsch-nationalen Empfindens sowie die Vermehrung und wirthschaftliche Stärkung der deutschen Bevölkerung.« Ähnlich wie dem Kolonialverein, dem Alldeutschen Verband oder dem Sprachverein gehörten dem Ostmarkenverein überproportional viele Gebildete und Mitglieder des national besonders aufgewallten Mittelstands an: Lehrer, Professoren, Unternehmer und leitende Angestellte. Am Vorabend des Ersten Weltkriegs hatte der Verein mehr als 50 000 Mitglieder.

Ein ideologischer Ziehvater des Ostmarkenvereins war der Archäologe Gustaf Kossinna. Dieser hochqualifizierte Wissenschaftler und Begründer der Siedlungsarchäologie neigte dazu, wenn irgend möglich jeden Fund prähistorischer Architekturrelikte oder Gegenstände als Beweis für die frühe Anwesenheit und Dominanz von Germanen in den preußischen Ostgebieten zu interpretieren. Auch als 1913 in Eberswalde bei Berlin ein bronzezeitlicher Goldschatz gefunden wurde, ordnete Kossinna ihn umgehend als germanisch ein. Heute bezweifeln Wissenschaftler, dass es um das Jahr 1000 vor Christus überhaupt schon Germanen gab.

Kossinna, Träger eines eindeutig slawischen Namens, ist ein gutes Beispiel für die unübersichtlichen Nationalitätenverhältnisse. Er wurde in Tilsit als Sohn eines Gymnasiallehrers masurischer Abstammung geboren. Die Masuren empfanden sich im 19. Jahrhundert immer weniger als Polen. Sie waren obendrein seit der Reformationszeit überwiegend Lutheraner, was sie in den Augen der polnischen Katholiken bereits zu Deutschen machte.

Noch deutscher als die Masuren empfanden die Juden. Der Dichter und Revolutionär Ernst Toller, der in Posen geboren wurde, aber im westpreußischen Bromberg seine Gymnasialzeit verbrachte, schildert ganz ähnliche Zustände, wie wir sie bei Joseph Roth im österreichischen Galizien gesehen haben: »Die Juden fühlten sich als Pioniere deutscher Kultur. In den kleinen Städten bildeten jüdische bürgerliche Häuser die geistigen Zentren, deutsche Literatur, Philosophie und Kunst wurden hier mit einem Stolz, der ans Lächerliche grenzt, ›gehütet und gepflegt‹.«

Wie kompliziert die ethnische Lage in Westpreußen war, illustriert sehr schön eine Stelle aus Johannes Bobrowskis Roman »Levins Mühle«, die klarmacht, dass die Frage, ob man Deutscher oder Pole war, oft gar keine religiöse, sondern eine ökonomische war. Über das Dorf Neumühl am Unterlauf der Weichsel, genauer gesagt an ihrem Nebenfluss, der Drewenz, im Winkel zwischen Thorn, Briesen und Strasburg, heißt es da: »Und ich müßte sagen, die dicksten Bauern im Dorf waren Deutsche, die Polen im Dorf waren ärmer, wenn auch gewiß nicht ganz so arm wie in den polnischen Holzdörfern, die um das große Dorf herum lagen. Aber das sage ich nicht: Ich sage statt dessen: Die Deutschen hießen Kaminski, Tomaschwewski und Kossakowski und die Polen Lebrecht und Germann.« Ein Mann verkürzt seinen Namen von Pilchowski zu Pilch, weil das deutscher klingt.

Das 1964 in der DDR erschienene Buch des in Tilsit geborenen Autors ist eine melancholische Fantasie über das verlorene Westpreußen. Der 1874 spielende Roman erzählt von der sehr besonderen Landschaft, von den Wiesen, den Wäldern und den Flüssen, von den Tieren dort, den Pferden, den Schweinen und den Vögeln, die allein in unzähligen Arten vorkommen, seien es zarte Schwalben oder fette Gänse. Und er beschreibt die Menschen. Da sind die katholischen Polen, Juden, Zigeuner mit Geige, Vaganten, Kossäten und natürlich die Deutschen. Die sind auch nicht alle auf die gleiche Art protestantisch. Im Roman heißt es: »Wenn man sich überlegt: hier in Malken sind die Evangelischen, die kennen sich nicht untereinander, in Neumühl sitzen die Baptisten, die kennen sich, auf Abbau Neumühl die Adventisten, die auch, es hat alles seine zwei Seiten, in Trzianek sind die Sabbatarier, in Kowalewo und Rogowo die Methodisten, nach Rosenberg zu fangen die Mennonitendörfer an, das ist schon weiter weg.«

Bobrowski begründet in einem Brief 1963, warum er sich diese Gegend und diese Menschen ausgesucht hat. Dadurch habe der Roman »es also mit den gewissen nationalen und religiösen Gegensätzen zu tun, will aber gerade erweisen, daß die guten Leute zusammen leben können und es auch getan haben«.

Schwieriger wurde das Zusammenleben durch den aus dem Reich importierten Ultranationalismus (für die steht in Bobrowskis Roman der bornierte deutschnationale Richter Nebenzahl) und die Germanisierungsbestrebungen Berlins. Diese betrieb man bis 1914 nicht nur durch die symbolische Aneignung prähistorischer Funde, sondern auch durch immer brutalere Methoden der preußischen Verwaltung. 1887 wurde der polnischsprachige Unterricht in den Ostprovinzen sogar an Volksschulen abgeschafft. 1899 demonstrierten in Posen 20 000 Menschen dagegen. Versuche, den Polen das letzte Refugium muttersprachlicher schulischer Unterweisung im Religionsunterricht zu entziehen, wurden von diesen mit Schulstreiks beantwortet. Die Reaktion der Provinzbehörden waren harte Schulstrafen für die Kinder, Polizeischutz für die Lehrer, die sich in ihrer Masse zum willfährigen Werkzeug der germanisierenden Sprachenpolitik machten, Gefängnisstrafen für Eltern und der Entzug des Erziehungsrechts. Mit einer Ostmarkenzulage wurden Beamte belohnt, die besonders »schneidige Gesinnung« bewiesen hatten.

Die Polen traf das ganze Unterdrückungsprogramm, das einige Jahre später die Italiener an den Südtirolern exekutierten. Nach den Ortsnamen wurden auch Straßenschilder, Firmennamen, Produktbezeichnungen, Vor- und Familiennamen zwangsgermanisiert. Sogar Grabinschriften durften nicht mehr polnisch sein. Immer besonders schneidig vorweg: die Hakata oder Hakatisten. So nannten die Polen alle Mitglieder des Ostmarkenvereins nach den Anfangsbuchstaben der Familiennamen seiner Gründer Ferdinand von Hansemann-Pempowo, Hermann Kennemann-Klenka und Heinrich von Tiedemann-Seeheim.

Kurzfristig hatten alle diese Maßnahmen wenig Erfolg. Vielleicht hätten sie auf die Dauer etwas bewirkt, aber die Niederlage Deutschlands im Ersten Weltkrieg leitete auch das Ende des Deutschtums in Posen und Westpreußen ein. Durch den Friedensvertrag von Versailles 1919 wurde Polen wieder unabhängig. Aus Westpreußen wurde der sogenannte Polnische Korridor zwischen Ostpreußen und dem Deutschen Reich geformt. Auch Posen kam Anfang 1920 wie Ostoberschlesien und das vormals ostpreußische Soldau- und Memelgebiet zu Polen. Danzig wurde Freie Stadt unter dem Schutz des Völkerbunds.

Nur die östlichen und westlichen Randgebiete Westpreußens mit besonders hohem Bevölkerungsanteil blieben bei Deutschland. Dabei hatten sich in der gesamten Provinz bei der Volkszählung 1910 noch 1 097 900 Personen als von deutscher Herkunft bezeichnet, rund 475 700 Personen gaben an, Polen zu sein, rund 107 100 Personen nannten sich Kaschuben. Auch in den etwas weniger deutschen Provinzen, die zu Polen kamen, war das Verhältnis zwischen Deutschen und Polen oder Kaschuben immer noch ausgeglichen. Eine bindende Volksabstimmung gewährten die Sieger aber nur den Masuren im östlichen Westpreußen. Sie entschieden sich – kaum überraschend, nach allem, was wir über Gustaf Kossinna gelernt haben – für den Verbleib bei Deutschland und wurden Ostpreußen zugeschlagen.

Glück brachte die Rückerwerbung den Polen nicht. Bekanntlich begann mit der Beschießung einer polnischen Garnison auf der Halbinsel Westerplatte bei Danzig der Zweite Weltkrieg. Hitler nutzte Westpreußen und Danzig, mit dessen Verlust sich die Deutschen nie wirklich abgefunden hatten, als willkommenen propagandistischen Anlass für den Überfall auf das Nachbarland. Seit 1938 forderte er die Rückgliederung Danzigs an das Deutsche Reich und den Bau einer exterritorialen Straßen- und Bahnverbindung durch den Korridor, denn der Landverkehr zwischen der Provinz Ostpreußen und dem Reich wurde vielfach durch Polen behindert. 1939 nahm er die deutsch-polnischen Differenzen zum Anlass für seinen Angriff, der den Zweiten Weltkrieg auslöste. In den Jahren zuvor, als er noch hoffte, Polen als Verbündeten und Aufmarschgebiet gegen Russland zu gewinnen, waren ihm die Deutschen dort ziemlich egal gewesen. Drangsalierungen und Pogrome, die schon in der unmittelbaren Nachkriegszeit unter dem Diktator Piłsudski begonnen hatten, ignorierte er aus solchen strategischen Überlegungen lange.

Den Einmarsch der Reichswehr empfanden viele Deutsche in Westpreußen und den anderen ehemals deutschen

Gebieten als Befreiung. Zusammen mit Danzig und den östlichen Gebieten, die 1920 beim Reich geblieben waren, wurde das Gebiet zum Reichsgau Danzig-Westpreußen. Man siedelte hier viele Deutschbalten an, die aus Estland und Litauen »heim ins Reich« geholt worden waren, nachdem die Sowjetunion aufgrund des Hitler-Stalin-Paktes diese Staaten annektiert hatte, aber auch Volksdeutsche aus Galizien und Bessarabien.

1945 mussten sie noch einmal umsiedeln. Die Deutschen wurden komplett aus Westpreußen vertrieben, mit Vergewaltigungen, Raub und Mord als schauerlicher Begleitmusik. Noch schlimmer traf es Menschen, die in die »Deutsche Volksliste« eingetragen worden waren, häufig ethnische Polen, die von der Nazi-Verwaltung als eindeutschungsfähig und -berechtigt eingestuft worden waren. Sie wurden oft entweder gleich als Kollaborateure gelyncht oder in die Sowjetunion verschleppt. In den dortigen Lagern oder schon auf dem Marsch dahin kamen viele von ihnen um. Viele Überlebende gingen später nach Westdeutschland. Bundesdeutsche Behörden erkannten die Einstufung in die »Volksliste« bei Spätaussiedlern als Nachweis der deutschen Nationalität an.

Diese Tragödie war das endgültige Ende des Deutschtums in diesem Gebiet. Niemand spricht dort heute mehr Deutsch – weder freiwillig noch gezwungen. Anders als auf Ostpreußen, Schlesien oder das zur Tschechoslowakei gekommene Sudetenland erhob die Bundesrepublik schon vor den »Warschauer Verträgen« Willy Brandts und der

Anerkennung der Oder-Neiße-Linie niemals Ansprüche auf Westpreußen. Man hatte das Gebiet nach den 180 Jahre währenden Kämpfen aufgegeben.

Was wäre, wenn?

Dieses Buch liefert Material für kontrafaktisches Geschichtsdenken: Was wäre gewesen, wenn Deutschland den Ersten Weltkrieg nicht verloren hätte oder er, besser noch, gar nicht stattgefunden hätte? Wie hätte sich das alles auf die deutsche Sprache ausgewirkt? Und gibt es im Rückblick Grund für uns zur Melancholie, zum Bedauern?

Ganz sicher muss man nicht traurig sein, dass kein Slawe in Westpreußen oder den östlichen Gebieten Österreich-Ungarns mehr von Zwangsgermanisierern dazu genötigt wird, Deutsch zu sprechen. Komplizierter ist die Lage schon bei denjenigen, die es längst taten – wie der Großteil der Masuren – und die nun in Staaten, zu denen sie gar nicht gehören wollten, oft genug als misstrauisch beäugte »Deutsche« galten. Von den Millionen immer schon Deutschsprachigen, die 1918/19 gegen ihren Wunsch in fremde Nationen gezwungen worden sind, gar nicht zu reden.

Mein Lieblingsgedankenspiel: Wenn der Erste Weltkrieg nicht stattgefunden hätte, wäre vielleicht auch der Zweite Weltkrieg ausgefallen, denn sowohl Nationalsozialismus als auch Bolschewismus waren ja eine Folge des Ersten. Ich bin zwar ziemlich sicher, dass die Tschechoslowakei auch ohne diese Kriege unabhängig geworden wäre. Aber vielleicht gäbe es dort heute noch Deutsche. Prag hätte (auch) heute noch eine deutschsprachige Literaturszene – so wie Wien, Graz oder Zürich. Tschechischdeutsch würde dann die eher kleine Zahl der heute existierenden nationalen Varietäten der deutschen Sprache – schweizerisches, österreichisches, südafrikanisches, deutsches Deutsch, diverse Minderheitendeutsche rund um die Welt von Kasachstan bis Südafrika – um mindestens eine weitere bereichern.

Es gäbe wahrscheinlich noch viel mehr davon. Vielleicht wären ohne die beiden Weltkriege Deutschlands Schutzgebiete bis in die sechziger Jahre Kolonien geblieben.

Zwar waren auch die Kinder in Kamerun oder Neuguinea gewiss nicht unglücklich darüber, die Sprache Luthers und Goethes nicht mehr büffeln zu müssen. Aber dafür mussten sie nun eine andere lernen. In fast jeder ehemaligen deutschen Kolonie ist heute ein anderes Idiom europäischer Kolonialisten zumindest eine der überregional gebrauchten Amtssprachen. Das Tok Pisin in Papua-Neuguinea ist ein auf dem Englischen beruhendes Pidgin. Die einzige Ausnahme ist Kiautschou, wo wieder Chinesisch gesprochen wird.

Man würde also möglicherweise heute noch in Afrika oder im Südwestpazifik Deutsch sprechen. Und es klänge wohl ganz anders als das Deutsch der Südafrikaner oder das auf den kleinen Sprachinseln der Mennoniten, Hutterer oder Amishen in Amerika. Denn im Gegensatz zu diesen Auswanderern, die seit Generationen ihre Muttersprache pflegen, wäre Deutsch dort im Munde von Menschen, die es meist als Zweit- oder Drittsprache nach den indigenen Sprachen ihrer Stämme und Heimatregionen gelernt hätten.

Für das Englische gibt es ein akademisches »Handbook of World Englishes« und weitere wissenschaftliche Bücher mit Titeln wie »Englishes of the World«, die das Phänomen behandeln, dass in Indien, Amerika, Singapur, Australien oder vielen afrikanischen Staaten längst eigene nationale Varianten entstanden sind. Und ähnlich wie diese »Englishes« auf das Englisch im Mutterland zurückwirken, würden wohl auch die Deutschs in den ehemaligen Kolonien, in Prag oder in Polen mitprägen, wie bei uns in Deutschland gesprochen wird – dank ihrer eigenen Literaturen, dank der Popkultur und dank der Medien. Unsere Sprache würde in überaus lebendigem Weltzusammenhang stehen – nicht das Schlechteste, was einer Sprache passieren kann. Es gäbe dann womöglich einen kamerunischen Autor, der im Deutschen solche Höhen erreichte wie V. S. Naipaul im Englischen. Moderatoren aus Togo oder Tschechien würden hierzulande Radio- oder Fernsehsendungen moderieren. Es gäbe eine starke Einwanderung aus den Ex-Kolonien mit Migranten, die ihre Art, Deutsch zu sprechen, mitbringen. Jugendliche in Berlin, Hamburg und München würden Hiphop-Gruppen aus Kaiser-Wilhelmsland zujubeln, die in einem auf dem Deutschen basierenden Pidgin ihrer Heimat rappen. Und die jungen Leute würden Ausdrücke aus Deutsch-Neuguinea als coole Ornamente in ihren Jargon übernehmen – so wie englische Jugendliche Amerikanismen aus den Sprachen des Rock und des Hiphop übernommen haben.

Wir würden unsere Sprache immer noch wiederkennen. Aber es wäre ein anderes Deutsch, wenn …

Literatur (Auswahl)

ANNO. Austrian Newspapers Online. Von der österreichischen Nationalbibliothek zur Verfügung gestelltes Korpus österreichischer Zeitungen von 1689 bis 1947: anno.onb.ac.at, letzter Zugriff am 23. 02. 2018

Ammon, Ulrich: *Die Stellung der deutschen Sprache in der Welt. Die Standardsprache in Österreich, der Schweiz, Deutschland, Liechtenstein, Luxemburg, Ostbelgien und Südtirol sowie Rumänien, Namibia und Mexiko,* Berlin 2014

Deutsches Koloniallexikon. Herausgegeben von Heinrich Schnee. 3 Bde., Leipzig 1920: http://www.ub.bildarchiv-dkg.uni-frankfurt.de/Bildprojekt/Lexikon/lexikon.htm, letzter Zugriff am 22. 02. 2018

Engelberg, Stefan / Mühlhäusler, Peter / Stolberg, Doris / Stolz, Thomas / Warnke, Ingo (Hrsg.): *Koloniale und Postkoloniale Linguristik (KPL / CPL),* 11 Bde., Berlin 2011–2018. Hier Bd. 3: Engelberg, Stefan / Stolberg, Doris (Hrsg.): *Sprachwissenschaft und kolonialzeitlicher Sprachkontakt. Sprachliche Begegnungen und Auseinandersetzungen,* Berlin 2012

Egger, Kurt: *Zweisprachigkeit in Südtirol. Probleme zweier Volksgruppen an der Sprachgrenze,* Bozen 1977

Glück, Helmut: *Die preussisch-polnische Sprachenpolitik: Eine Studie zur Theorie und Methodologie der Forschung über Sprachen-*

politik, Sprachbewusstsein und Sozialgeschichte am Beispiel der preussisch-deutschen Politik gegenüber der polnischen Minderheit vor 1914, Hamburg 1979

Gordin, Michael: *Scientific Babel. How Science Was Done before and after Global English,* Chicago 2015

Grote, Georg: *I bin a Südtiroler. Kollektive Identität zwischen Nation und Region im 20. Jahrhundert,* Bozen 2009

Gründer, Horst / Graichen, Gisela / Diedrich, Holger: *Deutsche Kolonien: Traum und Trauma,* Berlin 2005

Haas, Walter: *Das Wörterbuch der schweizerdeutschen Sprache. Versuch über eine nationale Institution.* Hrsg. von der Redaktion des Schweizerdeutschen Wörterbuchs, Frauenfeld 1981

Haslinger, Peter: »Sprachenpolitik, Sprachendynamik und imperiale Herrschaft in der Habsburgermonarchie 1740–1914«. In: *Zeitschrift für Ostmitteleuropa-Forschung 57/1* (2008), S. 81–111

Hemgartner, Thomas: »Mundart: Schicksal oder Chance«. In: *Schweizerische Lehrerzeitung* 1/1987, S. 7–10

Heuer, Walter: *Deutsch unter der Lupe. Kritisch-vergnügliche Glossen zu unserer Gegenwartssprache,* Zürich 1974

Kirkness, Alan: *Zur Sprachreinigung im Deutschen 1789–1871. Eine historische Dokumentation: Forschungsberichte des Instituts für deutsche Sprache 26.1/2.* Fotomechanischer Nachdruck, Tübingen 1975

Muroi, Carl u. Watanabe, Toshihiko: »Japan: Nur Ärzte ›essen‹ mittags«, in: *Deutsches Ärzteblatt,* Jg. 100, Heft 46, 14. November 2003, S. 30 ff.

Pflanze, Otto: *Bismarck. Der Reichskanzler,* München 1998

Polenz, Peter von: *Deutsche Sprachgeschichte vom Spätmittelalter bis zur Gegenwart,* Bd. 3: *19. und 20. Jahrhundert,* Berlin 1999

Reinbothe, Roswitha: *Deutsch als internationale Wissenschaftssprache und der Boykott nach dem Ersten Weltkrieg,* Frankfurt am Main, Berlin, Bern 2006

Schmidt-Brücken, Daniel / Schuster, Susanne / Stolz, Thomas / Warnke, Ingo H. / Wienberg, Marina (Hrsg.): *Koloniallinguistik. Sprache in kolonialen Kontexten,* Berlin 2015

Schweizerisches Idiotikon. Wörterbuch der schweizerischen Sprache. Website, die auch Quellen zur Sprachentwicklung bereitstellt: digital.idiotikon.ch. Letzter Zugriff am 21. 02. 2018

Sokolowsky, Celia: *Sprachenpolitik des deutschen Kolonialismus: Deutschunterricht als Mittel imperialer Herrschaftssicherung in Togo (1884–1914),* Stuttgart 2004

»Sprachenstreit im Trommelfeuer« (Artikel über das Forschungsprojekt von Tamara Scheer zur Mehrsprachigkeit im österreichischen k. u. k. Heer), »scilog«, 6. November 2017: http://scilog. fwf.ac.at/kultur-gesellschaft/6967/sprachenstreit-im-trommelfeuer. Letzter Zugriff am 23. 02. 2018

Sternburg, Wilhelm von: *Joseph Roth. Eine Biographie,* Köln 2009

Stürmer, Michael: *Das ruhelose Reich. Deutschland 1866–1918,* Berlin 1983

Tappolet, Ernst: *Über den Stand der Mundarten in der deutschen und französischen Schweiz,* Zürich 1901

Unserdeutsch (Rabaul Creole German), Website zum Forschungsprojekt der Universität Augsburg: https://www.philhist.uni-augsburg.de/de/lehrstuehle/germanistik/sprachwissenschaft/Unserdeutsch/ Letzter Zugriff am 23. 02. 2018

Wehler, Hans-Ulrich: *Deutsche Gesellschaftsgeschichte,* 5 Bde., München 2008. Bd. 3: *Von der »Deutschen Doppelrevolution« bis zum Beginn des Ersten Weltkriegs 1849–1914*

Ders.: *Deutsche Gesellschaftsgeschichte,* 5 Bde., München 2008. Bd. 4: *Vom Beginn des Ersten Weltkriegs bis zur Gründung der beiden deutschen Staaten 1914–1949,* München 2007

Matthias Heine
Seit wann hat »geil« nichts mehr mit Sex zu tun?
367 Seiten, gebunden
ISBN 978-3-455-50369-2
Hoffmann und Campe Verlag

Wörter werden geboren, sie sterben, sie wandern ein, sie wandern aus, und ihre Bedeutung wandelt sich. Wörter machen Geschichte. Aber wer macht eigentlich die Wörter? Da wäre zum Beispiel der Hiwi, der sich nach kalten Zeiten an der Ostfront heute in deutschen Universitätsstuben wärmen darf. Der Hipster, der die Hautfarbe wechselte. Und der Rocker, der im Deutschen eine unerwartete Karriere als krimineller Motorradfahrer gemacht hat. Matthias Heine fahndet seit Jahren für *Die Welt* nach den schillerndsten deutschen Begriffen. Die besten Wort-Steckbriefe versammelt dieser Band und gibt außerdem Antwort auf die Fragen: Was ist das schwierigste Wort der deutschen Sprache? Warum haben wir seit Luther auf den Ausdruck Shitstorm gewartet? Ist Plattenbau ein westdeutscher Kampfbegriff? Und warum müssen wir uns für das global erfolgreichste deutsche Wort ewig schämen?

»Matthias Heine führt munter in die Zeit zurück,
als noch nicht Geiz sondern der Bock geil war.
So geht Heine 100 Wörter durch,
sehr pointiert und unterhaltsam.«
Der Freitag